世界武器大全系列丛书

世界舰船大全
（图鉴版）

《深度军事》编委会 ◎ 编著

清华大学出版社
北京

内 容 简 介

本书是介绍世界军用舰船的军事科普图书，书中精心收录了二战以来世界各国设计制造的近200种经典军用舰船，涵盖航空母舰、巡洋舰、驱逐舰、护卫舰、潜艇、两栖舰船等类型，完整呈现了现代海战的武器面貌。每种舰船都配有精美的整体鉴赏图和局部特写图，帮助读者了解舰船构造。为了增强图书的知识性和趣味性，每种舰船都添加了一则趣味小知识，作为延伸阅读。

本书内容结构严谨，分析讲解透彻，图片精美丰富，适合广大军事爱好者阅读和收藏，也可以作为青少年的科普读物。

本书封面贴有清华大学出版社防伪标签，无标签者不得销售。
版权所有，侵权必究。举报：010-62782989，beiqinquan@tup.tsinghua.edu.cn。

图书在版编目(CIP)数据

世界舰船大全：图鉴版/《深度军事》编委会编著．—北京：清华大学出版社，2020.5（2025.6重印）
（世界武器大全系列丛书）
ISBN 978-7-302-54326-8

Ⅰ．①世… Ⅱ．①深… Ⅲ．①军用船—世界—图集 Ⅳ．① E925.6-64

中国版本图书馆 CIP 数据核字（2019）第 262932 号

责任编辑：李玉萍
封面设计：陈国风
责任校对：张彦彬
责任印制：刘　菲

出版发行：清华大学出版社
　　　　　网　　址：https://www.tup.com.cn，https://www.wqxuetang.com
　　　　　地　　址：北京清华大学学研大厦 A 座　　　邮　　编：100084
　　　　　社 总 机：010-83470000　　　　　　　　　邮　　购：010-62786544
　　　　　投稿与读者服务：010-62776969，c-service@tup.tsinghua.edu.cn
　　　　　质 量 反 馈：010-62772015，zhiliang@tup.tsinghua.edu.cn

印 装 者：涿州汇美亿浓印刷有限公司
经　　销：全国新华书店
开　　本：146mm×210mm　　　印　　张：6.875　　　字　　数：176 千字
版　　次：2020 年 6 月第 1 版　　印　　次：2025 年 6 月第 7 次印刷
定　　价：45.00 元

产品编号：082848-01

20世纪90年代,世界上拥有海军的国家和地区有100多个,组织编制各不相同。随着国际贸易和航运的日益扩大,海洋开发的扩展,国际海洋斗争日趋激烈。濒海国家都非常重视海军的建设和发展,不断运用科学技术的新成果,发展海军的新武器、新装备,提高统一指挥水平和快速反应、超视距作战能力。

在海军的建设过程中,舰船是海军装备最富象征性的运载平台,也是海军诸多武器装备中最重要、最基础的部分。舰艇上装备的武器有各种类型和各种口径的舰炮;各种用途的导弹,有对舰导弹、防空导弹、反潜导弹;水中兵器包括鱼雷、水雷和深水炸弹;有的军舰上携带飞机和直升机。就连辅助战斗舰艇,也大多装有自卫用的武器。所以一旦战争爆发,强大的舰艇编队可以快速歼敌在水际线之外,捍卫国家的领海和领土完整,保卫国家主权和经济建设。

本书是介绍世界军用舰船的军事科普图书,全书共分为7章,第一章简明扼要地介绍了军用舰船的发展历程、未来发展趋势和分类标准,其他各章分别介绍了二战以来世界各国设计制造的重要航空母舰、巡洋舰、驱逐舰、护卫舰、潜艇、两栖舰船,基本涵盖了现代海军使用的主要舰船。通过阅读本书,读者可以全面认识这些海战利器,并在一定程度上了解世界主要军事强国的军用舰船发展脉络和海军实力。对于想要进一步学习军事知识的读者,本书还设有配套的电子书,读者可以使用手机扫描书中二维码,进行拓展阅读。

本书是真正面向军事爱好者的基础图书,编写团队拥有丰富的军事图书写作经验，并已出版了许多畅销全国的图书作品。与同类图书相比，本书不仅图文并茂，在资料来源上也更具权威性和准确性。同时，本书还拥有非常完善的售后服务，读者朋友可以通过电话、邮件、官方网站和微信公众号等多种途径提出您宝贵的意见和建议。

　　本书由《深度军事》编委会创作，参与编写的人员有阳晓瑜、陈利华、高丽秋、龚川、何海涛、贺强、胡姝婷、黄启华、黎安芝、黎琪、黎绍文、卢刚、罗于华等。对于广大资深军事爱好者，以及有意了解国防军事知识的青少年来说，本书不失为有价值的科普读物。希望读者朋友们能够通过阅读本书循序渐进地提高自己的军事素养。

目录

Chapter 01　军用舰船概述 1
　军用舰船的历史 2
　军用舰船的未来 5
　军用舰船的分类 6

Chapter 02　航空母舰 8
　美国"中途岛"级航空母舰 9
　美国"塞班岛"级航空母舰 10
　美国"小鹰"级航空母舰 11
　美国"企业"号航空母舰 12
　美国"尼米兹"级航空母舰 13
　美国"福特"级航空母舰 14
　俄罗斯"基辅"级航空母舰 15
　俄罗斯"库兹涅佐夫"号航空母舰 16
　英国"无敌"级航空母舰 17
　英国"伊丽莎白女王"级航空母舰 18
　法国"克莱蒙梭"级航空母舰 19
　法国"夏尔·戴高乐"号航空母舰 20
　意大利"加里波第"号航空母舰 21
　意大利"加富尔"号航空母舰 22
　泰国"查克里·纳吕贝特"号航空母舰 23
　西班牙"阿斯图里亚斯亲王"号航空母舰 24
　巴西"圣保罗"号航空母舰 25
　印度"维拉特"号航空母舰 26

印度"维克兰特"级航空母舰 27

Chapter 03　巡洋舰 28

美国"布鲁克林"级巡洋舰 29
美国"亚特兰大"级巡洋舰 30
美国"克利夫兰"级巡洋舰 31
美国"巴尔的摩"级巡洋舰 32
美国"俄勒冈"级巡洋舰 33
美国"伍斯特"级巡洋舰 34
美国"德梅因"级巡洋舰 35
美国"阿拉斯加"级巡洋舰 36
美国"长滩"号巡洋舰 37
美国"莱希"级巡洋舰 38
美国"班布里奇"级巡洋舰 39
美国"贝尔纳普"级巡洋舰 40
美国"加利福尼亚"级巡洋舰 41
美国"弗吉尼亚"级巡洋舰 42
美国"提康德罗加"级巡洋舰 43
俄罗斯"克里斯塔Ⅰ"级巡洋舰 44
俄罗斯"克里斯塔Ⅱ"级巡洋舰 45
俄罗斯"金达"级巡洋舰 46
俄罗斯"卡拉"级巡洋舰 47
俄罗斯"基洛夫"级巡洋舰 48
俄罗斯"光荣"级巡洋舰 49
英国"郡"级巡洋舰 50
英国"狄多"级巡洋舰 51
英国"快速"级巡洋舰 52
英国"老虎"级巡洋舰 53
意大利"安德烈娅·多里亚"级巡洋舰 54

Chapter 04　驱逐舰 55

美国"波特"级驱逐舰 56
美国"弗莱彻"级驱逐舰 57
美国"查尔斯·F·亚当斯"级驱逐舰 58
美国"艾伦·M·萨姆纳"级驱逐舰 59
美国"基林"级驱逐舰 60
美国"法拉格特"级驱逐舰 61
美国"孔茨"级驱逐舰 62
美国"米切尔"级驱逐舰 63
美国"福雷斯特·谢尔曼"级驱逐舰 64
美国"本森"级驱逐舰 65
美国"斯普鲁恩斯"级驱逐舰 66
美国"基德"级驱逐舰 67
美国"阿利·伯克"级驱逐舰 68
美国"朱姆沃尔特"级驱逐舰 69
俄罗斯"卡辛"级驱逐舰 70
俄罗斯"科特林"级驱逐舰 71
俄罗斯"克鲁普尼"级驱逐舰 72
俄罗斯"现代"级驱逐舰 73
俄罗斯"无畏"级驱逐舰 74
俄罗斯"无畏Ⅱ"级驱逐舰 75
英国"部族"级驱逐舰 76
英国"战斗"级驱逐舰 77
英国"郡"级驱逐舰 78
英国"果敢"级驱逐舰 79
英国"谢菲尔德"级驱逐舰 80
英国"勇敢"级驱逐舰 81
法国"乔治·莱格"级驱逐舰 82
法国"卡萨尔"级驱逐舰 83
法国/意大利"地平线"级驱逐舰 84
日本"初雪"级驱逐舰 85

日本"朝雾"级驱逐舰 86
日本"村雨"级驱逐舰 87
日本"高波"级驱逐舰 88
日本"秋月"级驱逐舰 89
日本"旗风"级驱逐舰 90
日本"金刚"级驱逐舰 91
日本"爱宕"级驱逐舰 92
韩国"广开土大王"级驱逐舰 93
韩国"忠武公李舜臣"级驱逐舰 94
韩国"世宗大王"级驱逐舰 95
印度"加尔各答"级驱逐舰 96

Chapter 05　护卫舰 97

美国"迪利"级护卫舰 98
美国"加西亚"级护卫舰 99
美国"布鲁克"级护卫舰 100
美国"诺克斯"级护卫舰 101
美国"佩里"级护卫舰 102
美国"自由"级护卫舰 103
美国"独立"级护卫舰 104
俄罗斯"里加"级护卫舰 105
俄罗斯"克里瓦克"级护卫舰 106
俄罗斯"格里莎"级护卫舰 107
俄罗斯"猎豹"级护卫舰 108
俄罗斯"不惧"级护卫舰 109
俄罗斯"守护"级护卫舰 2007 110
俄罗斯"格里戈洛维奇海军上将"级护卫舰 111
俄罗斯"戈尔什科夫"级护卫舰 112
英国"女将"级护卫舰 113
英国"公爵"级护卫舰 114

法国"花月"级护卫舰 ………………………………… 115
法国"拉斐特"级护卫舰 ……………………………… 116
德国"不来梅"级护卫舰 ……………………………… 117
德国"勃兰登堡"级护卫舰 …………………………… 118
德国"萨克森"级护卫舰 ……………………………… 119
意大利"西北风"级护卫舰 …………………………… 120
西班牙"阿尔瓦罗·巴赞"级护卫舰 ………………… 121
荷兰"卡雷尔·多尔曼"级护卫舰 …………………… 122
瑞典"斯德哥尔摩"级护卫舰 ………………………… 123
瑞典"伟士比"级护卫舰 ……………………………… 124
澳大利亚/新西兰"安扎克"级护卫舰 ……………… 125
韩国"浦项"级护卫舰 ………………………………… 126
日本"石狩"级护卫舰 ………………………………… 127
日本"夕张"级护卫舰 ………………………………… 128
日本"阿武隈"级护卫舰 ……………………………… 129
日本"白根"级护卫舰 ………………………………… 130
日本"日向"级护卫舰 ………………………………… 131
日本"出云"级护卫舰 ………………………………… 132
印度"塔尔瓦"级护卫舰 ……………………………… 133
印度"什瓦里克"级护卫舰 …………………………… 134
伊朗"阿勒万德"级护卫舰 …………………………… 135

Chapter 06　潜艇 ………………………………… 136

美国"伊桑·艾伦"级潜艇 …………………………… 137
美国"拉斐特"级潜艇 ………………………………… 138
美国"鲟鱼"级潜艇 …………………………………… 139
美国"洛杉矶"级潜艇 ………………………………… 140
美国"俄亥俄"级潜艇 ………………………………… 141
美国"海狼"级潜艇 …………………………………… 142
美国"弗吉尼亚"级潜艇 ……………………………… 143

俄罗斯"杨基"级潜艇 144
俄罗斯"德尔塔"级潜艇 145
俄罗斯"台风"级潜艇 146
俄罗斯"奥斯卡"级潜艇 147
俄罗斯"十一月"级潜艇 148
俄罗斯"维克托"级潜艇 149
俄罗斯"阿尔法"级潜艇 150
俄罗斯"基洛"级潜艇 151
俄罗斯"阿库拉"级潜艇 152
俄罗斯"塞拉"级潜艇 153
俄罗斯"拉达"级潜艇 154
俄罗斯"亚森"级潜艇 155
俄罗斯"北风之神"级潜艇 156
俄罗斯"高尔夫"级潜艇 157
英国"勇士"级潜艇 158
英国"决心"级潜艇 159
英国"敏捷"级潜艇 160
英国"特拉法尔加"级潜艇 161
英国"拥护者"级潜艇 162
英国"前卫"级潜艇 163
英国"机敏"级潜艇 164
德国 205 级潜艇 165
德国 206 级潜艇 166
德国 209 级潜艇 167
德国 212 级潜艇 168
德国 214 级潜艇 169
法国"桂树神"级潜艇 170
法国"可畏"级潜艇 171
法国"阿格斯塔"级潜艇 172
法国"红宝石"级潜艇 173

法国"凯旋"级潜艇 174

法国"梭鱼"级潜艇 175

法国/西班牙"鲉鱼"级潜艇 176

西班牙 S-80 级潜艇 177

意大利"萨乌罗"级潜艇 178

以色列"海豚"级潜艇 179

瑞典"西约特兰"级潜艇 180

瑞典"哥特兰"级潜艇 181

荷兰"旗鱼"级潜艇 182

荷兰"海象"级潜艇 183

澳大利亚"柯林斯"级潜艇 184

阿根廷 TR-1700 级潜艇 185

日本"汐潮"级潜艇 186

日本"春潮"级潜艇 187

日本"亲潮"级潜艇 188

日本"苍龙"级潜艇 189

印度"歼敌者"级潜艇 190

Chapter 07　两栖舰艇 191

美国"塔拉瓦"级两栖攻击舰 192

美国"黄蜂"级两栖攻击舰 193

美国"美利坚"级两栖攻击舰 194

美国"惠德贝岛"级船坞登陆舰 195

美国"奥斯汀"级两栖船坞登陆舰 196

美国"圣安东尼奥"级船坞登陆舰 197

美国"蓝岭"级两栖指挥舰 198

美国 LCAC 气垫登陆艇 199

俄罗斯"蟾蜍"级坦克登陆舰 200

乌克兰"野牛"级气垫登陆艇 201

英国"海神之子"级船坞登陆舰 202

法国"闪电"级船坞登陆舰 203
法国"西北风"级两栖攻击舰 204
意大利"圣·乔治奥"级两栖攻击舰 205
荷兰/西班牙"鹿特丹"级船坞登陆舰 206

参考文献 207

Chapter 01

军用舰船概述

　　舰船是指有武器装备,能在海洋执行作战任务的海军船只,是海军的主要装备。舰船被视为国家领土的一部分,只遵守本国的法律和公认的国际法。主要用于海上机动作战,进行战略核突袭,保护己方或破坏敌方的海上交通线,进行封锁或反封锁,参加登陆或抗登陆作战。

军用舰船的历史

早在公元前 1200 多年，古埃及、腓尼基和古希腊等地就已经出现了战船，主要用桨划行，有时辅以风帆。中国的造船技术在历史上也一度处于领先地位，在 7000 年前已能制造独木舟和船桨，春秋战国时期已建造用于水战的大型战船。

公元前 5 世纪，地中海国家已建立海上舰队，有双层和三层桨战船，首柱下端有船首冲角。古代史上著名的布匿战争中，罗马舰队用这种战船击溃海上强国迦太基，建立了在地中海的海上霸权。到了 15-16 世纪，西方帆船舰队的发展，帆装和驶帆等技术的日趋完善，对新航路的开辟及殖民地的掠夺和开发起了推动作用。

17 世纪晚期荷兰军队的战船

总的来说，古代生产力低下，科学技术不发达，海军技术发展缓慢，使用木质桨帆战船，一直延续几千年。船上战斗人员主要使用刀、矛、箭、戟、弩炮投掷器和早期的火器等进行交战。直到 18 世纪，蒸汽机的发明，冶金、机械和燃料工业的发展，使得造船的材料、动力装置、武器装备和建造工艺发生了根本变革，为近代海军技术奠定了物质基础。主战舰艇开始采用蒸汽机作为主动力装置。初期的蒸汽舰以明轮推进，同时甲板上设置有可旋转的平台和滑轨，使舰炮可以转动和移动。与同级的风帆战舰相比，其机动性能和舰炮威力都大为提高。

19 世纪 30 年代，人类发明了螺旋桨推进器。1849 年，法国建成第一艘螺旋桨推进的蒸汽战列舰"拿破仑"号。此后，法、英、俄等国海军都开始装备蒸汽舰。60 年代出现鱼雷后，随即出现装备鱼雷的小型舰艇。70 年代，许多国家的海军基本完成了从帆船舰队向蒸汽舰队的过渡，海军的组织体制、指挥体制进一步完善，军舰日益向增大排水量、提高机动性能、增强舰炮攻击力和加强装甲防护的方向发展，装甲舰尤其是由战列舰和战列巡洋舰组成的主力舰，成为舰队的骨干力量。

Chapter 01 军用舰船概述

第一艘螺旋桨推进的蒸汽战列舰——"拿破仑"号

英国海军装备的"无畏"级战列舰

20世纪初,柴油机-电动机双推进系统潜艇研制成功,使潜艇具备一定的实战能力,海军又增加了一个新的兵种——潜艇部队。英国海军装备"无畏"级战列舰和战列巡洋舰以后,海军发展进入"巨舰大炮主义"时代。英、美、法、日、意、德等海军强国之间,展开以发展主力舰为中心的海军军备竞赛。

1914年一战爆发时,各主要参战国海军共拥有主力舰

二战期间一架F6F战斗机从美国"埃塞克斯"级航空母舰起飞

150余艘,装备鱼雷的小型舰艇成为具有可以击毁大型战舰的轻型海军兵力。20世纪20-30年代,海军有了第一批航空母舰和舰载航空兵,岸基航空兵也得到发展,海军航空兵成为争夺海洋制空权的主要兵种。至此,海军已发展成为由多兵种组成的,能在广阔海洋战场上进行立体作战和协同作战的军种。

二战时期,由于造船焊接工艺的广泛应用、分段建造技术和机械、设备的标准化,保证了战时能快速、批量地建造舰艇。在战争中,战列舰和战列巡洋舰逐渐失去主力舰的地位,而航空母舰和潜艇发展迅速。航空母舰编队或航空母舰编队群的机动作战、潜艇战和反潜艇战成为海战的重要形式,改变了传统的海战方式。与此同时,磁控管等电子元器件、微波技术、模拟计算机等关键技术的突破,出现了舰艇雷达、机电式指挥仪等新装备,形成舰炮系统,使水面舰艇攻防能力大为提高。

二战后,人类进入了核时代,核导弹、核鱼雷、核水雷、核深水炸弹相继出现,潜艇、航空母舰向核动力化发展。

20世纪50-60年代,喷气式超音速海军飞机搭载航空母舰之后,垂直/短距

起落飞机、直升机等又相继装舰，使大、中型舰艇普遍具有海空立体作战能力。潜射弹道导弹、中远程巡航导弹、反舰导弹、反潜导弹、舰空导弹、自导鱼雷、制导炮弹等一系列精确制导武器装备海军，进一步增强了现代海军的攻防作战、有限威慑和反威慑的能力。

20世纪70年代以后，军用卫星、数据链通信、相控阵雷达、水声监视系统、

美国"企业"号（左）及法国"戴高乐"号（右）航空母舰并排航行于地中海上

电子信息技术和电子计算机的广泛应用，使现代海军武器逐步实现自动化、系统化，并向智能化方向发展，使海军技术发展成为高度综合的技术体系。

随着国际贸易和航运的日益扩大，海洋开发的扩展，国际海洋斗争日趋激烈。濒海国家都非常重视海军的建设和发展，不断运用科学技术的新成果，发展新式主战舰艇，提高统一指挥水平和快速反应、超视距作战能力。

美国"阿利·伯克"级驱逐舰编队

Chapter 01 军用舰船概述

军用舰船的未来

　　近年来，世界海军发展亮点较少，发展速度明显比冷战时期放缓很多。目前，世界海军的新技术主要集中于新型能源以及动力技术、隐身化、智能化、新型航空战等领域，这些技术几乎只有少数几个大国才有突破，能力集中化已在冷战后日益凸显。

　　随着技术门槛日渐提高，新型技术研发所需要的成本已经十分高昂，因此欧洲许多国家也放弃了建立大型海军舰队的策略，转而寻求建立小而精的小规模海军。

　　因此世界各国的舰船未来发展的重点就在于对舰艇的防护和作战能力的改进。比如，对舰船进行动力装置、武器系统和电子设备的全面改进，全方位提升舰艇的导弹化、电子化和载机化的程度，通过增强舰船的机动性和隐身性来提升其远洋作战能力，并重点增强军用舰船在作战过程中的攻击能力、防空能力以及反潜能力，形成导弹等武器装备与舰船的完美结合，形成全方位、多层次的海上作战系统。

"提康德罗加"级巡洋舰发射导弹

军用舰船的分类

舰艇包括巡洋舰、驱逐舰、护卫舰、潜艇、两栖舰艇等。其中，巡洋舰已渐渐走向衰落，目前仅有极少数国家仍在使用。至于战列舰、战列巡洋舰等烜赫一时的主战舰艇，则早已退出了历史舞台。

巡洋舰（Cruiser）是一种火力强、用途多，主要在远洋活动的大型水面战舰。巡洋舰装备有较强的进攻和防御型武器，具有较高的航速和适航性，能在恶劣气候条件下长时间进行远洋作战。

驱逐舰（Destroyer）是现代海军舰队中作战能力较强的舰种之一，通常用于攻击水面舰船、潜艇和岸上等目标，并能执行舰队防空、侦察、巡逻、警戒、护航和布雷等任务，是现代海军舰艇中用途最广泛、建造数量最多的主战舰艇之一。

护卫舰（Frigate）曾被称为护航舰或护航驱逐舰，武器装备以中小口径舰炮、导弹、鱼雷、水雷和深水炸弹为主。在现代海军编队中，护卫舰在吨位和火力上仅次于驱逐舰，但由于其吨位较小，自持力较驱逐舰弱，远洋作战能力逊于驱逐舰。

潜艇（Submarine）也叫潜水艇，是一种能在水下运行的舰艇。现代潜艇按照动力可分为常规动力潜艇与核潜艇；按照作战使命分为攻击潜艇与战略导弹潜艇；按照排水量，常规动力潜艇可分为大型潜艇（2 000吨以上）、中型潜艇（600～2 000吨）、小型潜艇（100～600吨）和袖珍潜艇（100吨以下）四类，而核潜艇的排水量通

航行中的"地平线"级驱逐舰

Chapter 01 军用舰船概述

"公爵"级护卫舰前侧方特写

"柯林斯"级潜艇上方视角

"黄蜂"级两栖攻击舰在大洋中航行

常在3 000吨以上。

两栖舰船（Amphibious warfare ship）是两栖作战中使用的一种舰船，能将己方人员和装备运送到敌方所占的陆地。两栖战舰一般搭载有登陆艇、直升机等，借此可不依靠码头等港口设施，直接将陆军和海军陆战队的人员与装备运送上岸。虽然早在一战期间就可见到类似的舰船，但直到二战时两栖战舰才真正迅速发展。今日美国海军拥有数量与种类最多的两栖战舰。

Chapter 02

航空母舰

航空母舰发展至今，已成为世界上最庞大、最复杂、威力最强的武器之一，是一个国家综合国力的象征。依靠航空母舰，一个国家可以在远离其国土的地方、不依靠当地机场的情况下施加军事压力和进行作战。

美国"中途岛"级航空母舰

"中途岛"(Midway)级航空母舰曾在美国海军数个历史时期服役,堪称"三朝元老"。

甲板特写

上层建筑特写

基本参数	
全长	295米
全宽	34米
吃水	10米
最高航速	33节
满载排水量	45 000吨
相关简介	

研发历史

"中途岛"级航母共有"中途岛"号、"罗斯福"号、"珊瑚海"号三艘。该级舰是美国海军历史上服役期最长的舰艇之一。首舰"中途岛"号早在1945年下水服役,在1991年参与沙漠风暴行动后,于1992年退役。

实战性能

"中途岛"级航母是一种全新的设计,修正了"埃塞克斯"级航母存在的一些问题,但仍存在不少缺点,如潮湿、拥挤和过于复杂化等,这些缺点一直没有得到解决。总体来说,"中途岛"级航母的设计不能令人满意,但出于对大型航母的迫切需求,它们仍在美国海军中服役了很长时间。

趣味小知识

"中途岛"级航母经历了喷气时代的改装,直到海湾战争、"冷战"结束仍服役一段时间,在历经近半个世纪的风风雨雨之后,陆续退出历史舞台。

美国"塞班岛"级航空母舰

"塞班岛"(Saipan)级航空母舰是美国在二战期间建造的轻型航母,该级舰作为舰队航母仅服役了很短时间。

舰体特写

甲板特写

研发历史

"塞班岛"级航空母舰是由巡洋舰舰体改建而成的,外形酷似"独立"级航空母舰,在建成一段时间内被用作飞机运输舰,后来,又利用它们的宽大飞行甲板和机库,改建成了指挥舰。该级舰一共有两艘,但均未来得及参加二战,战后服役至1970年,于1980年拆毁。

基本参数	
全长	208.7米
全宽	35米
吃水	8.5米
最高航速	33节
满载排水量	19 000吨
相关简介	

实战性能

"塞班岛"级航母以"巴尔的摩"级重型巡洋舰为基础改建,仿效"独立"级航母,但排水量稍大。舰上装备了各种情报搜集和处理设备,同时增设了作战室和参谋室,以便向世界各地的美国军舰传送命令。为了装设强有力的通信设备,在飞行甲板上竖起了高25米的天线杆,从而使该舰面目全非。

趣味小知识

1943年7月15日,美国海军对航空母舰(CV)重新进行分类,将9艘"独立"级航空母舰称为"轻型航空母舰",舷号仍然保持原来序列。在此之前,其中5艘(CV-22至CV-26)已经服役,另外4艘是直接命名为CVL的。后又根据1944年财政预算,建造了2艘塞班级轻型航空母舰(CVL-48和CVL-49)。

美国"小鹰"级航空母舰

"小鹰"(Kitty Hawk)级是美国建造的最后一级常规动力航空母舰,也是世界上最大的常规动力航母。

舰桥特写

弹药库

研发历史

20世纪50年代,美国建造的"福莱斯特"级航空母舰被称为"超级航空母舰",但在服役过程中仍发现了一些不足,在1956年建造第五艘时,美国海军对其进行了大幅度改进,并将其重新命名为"小鹰"级航母,前后共建造了4艘。

基本参数

全长	325.8米
全宽	40米
吃水	12米
最高航速	33节
满载排水量	83301吨
相关简介	

实战性能

"小鹰"级航母从底层到舰桥大约有18层楼高。甲板以上的岛式建筑分为8层,分别是消防、医务、通信、雷达等部门和航母战斗群的司令部。甲板以下分为10层。该舰的甲板总面积约16 592平方米,飞行甲板的弹射跑道长度为80米,降落跑道为11米。全舰共有4部蒸汽弹射器、4条拦阻索、1道拦阻网和4部升降机。

趣味小知识

"小鹰"级航空母舰是以美国北卡罗来纳州的小鹰镇命名,当地也是莱特兄弟首次成功飞行的地点。

美国"企业"号航空母舰

"企业"（Enterprise）号是美国海军及世界第一艘核动力航空母舰，是唯一一艘建成的"企业"级航空母舰。

舰岛特写

飞行甲板特写

基本参数

全长	342米
全宽	40.5米
吃水	12米
最高航速	33节
满载排水量	94 781吨
相关简介	

研发历史

"企业"号航空母舰原本打算建造6艘，但由于当时核子动力技术不成熟、成本昂贵，导致它的造价极高，因此"企业"级航母仅有"企业"号一艘，剩下的订单全部取消，转而建造"小鹰"级航母替代空缺。

实战性能

"企业"号的外形与"小鹰"级航母基本相同，采用了封闭式飞行甲板，从舰底至飞行甲板形成整体箱形结构。飞行甲板为强力甲板，厚达50毫米，并在关键部位加装装甲。水下部分的舷侧装甲厚达150毫米，并设有多层防雷隔舱。该舰拥有当时最先进的相位阵列雷达，并为之设计了独特的方形舰桥。在斜直两段甲板上分别设有2部C-13蒸汽弹射器，斜角甲板上设有4条MK-7拦阻索和1道拦阻网，升降机为右舷3部、左舷1部。

趣味小知识

"企业"号舰名源自美国独立战争期间俘获并更名的一艘英国单桅纵帆船，是美军第八艘以"企业"为名的军舰，同时也是美国的一种多用途超大型航空母舰，是美国海军唯一一艘具有8具核反应堆的军舰。

美国"尼米兹"级航空母舰

"尼米兹"(Nimitz)级是美国海军所使用的第二代多用途航空母舰,是美国海军远洋战斗群的核心力量。

电子控制中心

飞行甲板特写

研发历史

首舰"尼米兹"号于1968年开始建造,1975年开始服役。"布什"号是其第十艘和最后一艘,于2009年开始服役。"尼米兹"级航母的前三艘和后七艘的规格略有不同,因此也有人将后七艘称为"罗斯福"级航母。不过,美国海军官方对这两种舰只构型并不做区别,一律称呼为"尼米兹"级航母。

基本参数	
全长	317米
全宽	40.8米
吃水	11.9米
最高航速	30节
满载排水量	102 000吨
相关简介	

实战性能

所有"尼米兹"级航母都是采核动力推进,装备4部升降机、4部蒸汽弹射器和4条拦阻索,可以每20秒弹射出一架作战飞机。舰载作战联队中的机型配备根据作战任务性质的不同也有所不同,可搭载不同用途的舰载飞机对敌方飞机、船只、潜艇和陆地目标发动攻击,并保护海上舰队。以它为核心的战斗群通常由4~6艘巡洋舰、驱逐舰、潜艇和补给舰只构成。

趣味小知识

2011年2月6日,为纪念里根总统100周年诞辰,由"尼米兹"级航空母舰上起飞的"黑骑士"舰载机中队飞越了位于加州西米谷的里根总统图书馆。

美国"福特"级航空母舰

"福特"(Ford)级是美国海军最新的次世代超级航空母舰,也是美国海军第三代核动力航空母舰。

甲板特写

升降机特写

研发历史

1996年,美国海军开始正式研究"尼米兹"级航空母舰的后继项目,最初称为CVNX项目,后改为CVN-21项目。2007年1月,美国官方将新一代航空母舰的首舰正式命名为"福特"号。

2009年11月,"福特"号开始建造,2013年10月下水。二号舰"肯尼迪"号于2015年8月开始建造,预计2020年开始服役。三号舰"企业"号及其他同级舰计划于2018年后陆续开始建造,总建造数量计划为10艘,最终完全取代"尼米兹"级航空母舰。

基本参数

全长	317米
全宽	41米
吃水	12米
最高航速	30节
满载排水量	100 000吨
相关简介	

实战性能

作为未来美国海军的重要装备,"福特"级航空母舰拥有许多引领潮流的先进设计(如电磁弹射器、先进飞机回收系统等),作战能力大幅提升,其排水量也将超过"尼米兹"级航空母舰成为新的世界纪录。"福特"级航空母舰计划搭载的舰载机有F-35C"闪电Ⅱ"战斗机、F/A-18E/F"超级大黄蜂"战斗/攻击机、EA-18G"咆哮者"电子作战飞机、E-2D"鹰眼"预警机、MH-60R/S"海鹰"直升机、联合无人空战系统(J-UCAS)等。

俄罗斯"基辅"级航空母舰

"基辅"级是俄罗斯研制的第一种可以起降固定翼飞机的航空母舰。

飞行甲板特写

武器系统特写

研发历史

1970年,首舰"基辅"号航空母舰正式开工建造,1975年服役于苏联海军。1978-1984年,另三艘"基辅"级航母先后服役,即"明斯克"号(1978年)、"诺沃罗西斯克"号(1982年)和"戈尔什科夫海军元帅"号(1984年)。苏联解体后,由俄罗斯继承该舰,但由于苏联解体使俄罗斯经济实力不足,最终于1993年6月30日正式退役。

基本参数	
全长	274米
全宽	53米
吃水	10米
最高航速	32节
满载排水量	43 500吨
相关简介	

实战性能

"基辅"级航母集火力与重型武装于一身,对舰载机依赖性较小。前甲板有重型舰载导弹装备,可对舰、对潜、对空进行攻击,是标准的巡洋舰武装。而左侧甲板则搭载垂直短距起降飞机卡-25、卡-27反潜直升机。遗憾的是由于左侧甲板过短,雅克-38实际上只能垂直起降,对甲板破坏极大,加上事故频发而最终下舰,使得该级舰实际上又沦为普通直升机母舰。

俄罗斯"库兹涅佐夫"号航空母舰

"库兹涅佐夫"(Kuznetsov)号是俄罗斯建造的大型航空母舰。

飞行甲板特写

舰岛特写

基本参数	
全长	306.3米
全宽	73米
吃水	11米
最高航速	32节
满载排水量	67 500吨
相关简介	

研发历史

1983年2月22日,苏联开始在尼古拉耶夫造船厂建造第一艘大型航空母舰,该舰先后被命名为"苏联"号、"克里姆林宫"号、"布里兹涅夫"号、"第比利斯"号,1991年服役时更名为"库兹涅佐夫"号,舷号063。该级舰的二号舰"瓦良格"号于1985年12月开工建造,但最终由于苏联解体、经济衰退而被迫下马。

实战性能

与西方航空母舰相比,"库兹涅佐夫"号的定位有所不同,俄罗斯称之为"重型航空巡洋舰",它可以防卫和支援战略导弹潜舰及水面舰,并且搭载一些舰载机,进行独立巡弋。该舰的舰载机需要使用本身的引擎动力,冲上跳板升空。这种设计比起采用平面弹射器的航空母舰具备更高的飞机起飞角度和高度,所需要的操作人员较少,但也存在舰载机设计难度大、起飞重量受限、对飞行员技术要求高等弊端。

趣味小知识

"库兹涅佐夫"号航空母舰的舰名来源于苏联海军元帅尼古拉·格拉西莫维奇·库兹涅佐夫,他是二战时期的苏联海军总司令,"苏联英雄"称号获得者。

英国"无敌"级航空母舰

"无敌"(Invincible)级是英国海军麾下的一型搭载短距/垂直起降飞机的小型航空母舰,是新一代先进轻型航母的先驱。

舰岛特写

飞行甲板特写

基本参数	
全长	209米
全宽	27.7米
吃水	8米
最高航速	28节
满载排水量	20 710吨
相关简介	

研发历史

20世纪60年代中期,由于国防预算大幅削减,英国取消了计划中的CAV-01大吨位攻击型航母项目,但为了在北约框架内完成海上保护交通线的使命,仍决定设计建造一种以反潜为主、兼顾防空作战的大型主力战舰,即"无敌"级航母。首舰"无敌"号于1973年7月开工建造,1980年7月服役。

实战性能

"无敌"级航母的上层建筑集中于右舷侧,里面布置有飞行控制室、各种雷达天线、封闭式主桅和前后两个烟囱。飞行甲板下面设有7层甲板,中部设有机库和4个机舱。机库高7.6米,占有3层甲板,长度约为舰长的75%,可容纳20架飞机,机库两端各有1部升降机。该舰最大的特点是应用了"滑跃"跑道,并首次采用了全燃气轮机动力装置,使航空母舰这一舰种进入了不依赖弹射装置便可以起降舰载战斗机的新时期。"滑跃"跑道可在载重量不变的情况下令舰载机滑跑距离减少60%。

> **趣味小知识**
>
> 1982年英阿马岛之战,"无敌"号在与阿根廷对抗时,没有一架舰载机被阿方击落。但仍暴露出预警能力不足的缺陷。

英国"伊丽莎白女王"级航空母舰

"伊丽莎白女王"(Queen Elizabeth)级是英国海军最新型的航空母舰,是英国有史以来建造的最大船舰和除美国之外世界上最大的航空母舰。

侧下方视角

侧方特写

基本参数	
全长	280米
全宽	39米
吃水	11米
最高航速	25节
满载排水量	65 000吨
相关简介	

研发历史

20世纪80年代,英国从英阿马岛战争中认识到航空母舰在远洋作战中的巨大优势,决定发展新一代航空母舰。受限于窘迫的财政状况,建造计划一直无法落实。英国和法国曾试图共同发展新型航母,但最终未能如愿。到了21世纪初,眼见两艘"无敌"级航母先后退役,英国终于痛下决心单独出资建造两艘大型航母,来提升海军的远洋打击能力,即"伊丽莎白女王"级航空母舰。首舰"伊丽莎白女王"号于2014年7月8日下水,2017年开始服役。二号舰"威尔士亲王"号于2011年5月开始建造,2017年下水,预计2020年开始服役。

实战性能

"伊丽莎白女王"级航母首创"滑跳"式甲板结合"电磁弹射器"的新概念,主力F-35舰载机使用弹射方式升空,可大幅增加该机的机身载重。该舰的圆滑形状舰首及前舰岛上方的整流罩均有助于降低风阻,外观线条也大幅简化。由于预算不足,目前,"伊丽莎白女王"级航母并未采用昂贵的核反应堆,而是使用较便宜的柴油机及发电机组。

法国"克莱蒙梭"级航空母舰

"克莱蒙梭"(Clemenceau)级是法国自行建造的第一批航空母舰。

侧方特写

炮塔特写

研发历史

"克莱蒙梭"级航空母舰一共建造两艘,首舰"克莱蒙梭"号于1955年11月开工,1961年11月服役。二号舰"福煦"号于1957年2月开工,1963年7月服役。"克莱蒙梭"号于1997年7月退役,"福煦"号也于2000年提早退役并低价出售给巴西海军,经改装后重新命名为"圣保罗"号。

基本参数	
全长	265米
全宽	51.2米
吃水	8.6米
最高航速	32节
满载排水量	32 780吨
相关简介	

实战性能

"克莱蒙梭"级航母属于传统式设计,拥有倾斜度8°的斜形飞行甲板、单层装甲机库,以及法国自行设计的镜面辅助降落装置,2部升降机,2部弹射器,1部在飞行甲板前端,1部在斜形甲板上。该级舰主要装载10架F-8"十字军"战斗机、16架"超军旗"攻击机、3架"军旗Ⅳ"攻击机、7架"贸易风"反潜机和4架"云雀Ⅲ"直升机。

> **趣味小知识**
>
> "克莱蒙梭"级航空母舰以乔治·克莱蒙梭(1841年9月28日—1929年11月24日)的名字命名,他是一位法国政治家和新闻工作者,曾两次出任法国总理。

法国"夏尔·戴高乐"号航空母舰

"夏尔·戴高乐"（Charles de Gaulle）号是一艘隶属于法国海军的核动力航空母舰，也是法国目前仅有的一艘航空母舰。

进行改装的"夏尔·戴高乐"号航空母舰

停在"夏尔·戴高乐"号航空母舰升降机上的"阵风"战斗机

基本参数	
全长	261.5 米
全宽	31.5 米
吃水	9.4 米
最高航速	27 节
满载排水量	42 500 吨
相关简介	

研发历史

早在 20 世纪 70 年代中期，法国就开始计划建造下一代航空母舰，以取代常规动力航空母舰"福熙"号和"克莱蒙梭"号，但新舰的龙骨直到 1989 年 4 月才安放。由于冷战结束和国家财政困难等原因，"戴高乐"号的工期一再延误，直到 1994 年 5 月时才完工下水。2001 年 5 月，"夏尔·戴高乐"号正式就役，母港为法国土伦。

实战性能

与美国的核动力航空母舰一样，"夏尔·戴高乐"号也采用斜向飞行甲板，而不采用欧洲航空母舰常见的"滑跃"式甲板设计。该舰还是历史上第一艘在设计时加入了隐身性能考虑的航空母舰。由于吨位仅有美国同类舰只的一半，所以"戴高乐"号配备了两部弹射器，而美军的核动力航空母舰通常为四部。另外，其舰载机容量也只有美国同类舰只的一半。

趣味小知识

2001 年，"9•11"事件爆发后，为了协助美军进行"永久自由"行动，扫荡阿富汗塔利班政权，"夏尔·戴高乐"号与随行的护卫舰队首度穿过苏伊士运河进入印度洋，至少进行了 140 次的侦察与轰炸任务。

意大利"加里波第"号航空母舰

"加里波第"(Garibaldi)号是意大利海军第一艘轻型航空母舰。

舰岛特写

侧方特写

研发历史

二战前,意大利由于战略思想偏差的原因,始终拒绝发展航空母舰。二战后,国力日衰的意大利虽有心建造航空母舰,却没有足够的财力支持。直到20世纪70年代中期,意大利海军才首次提出建造1艘"载机巡洋舰",该计划最终导致了轻型航母"加里波第"号的出现。

基本参数

全长	180.2米
全宽	33.4米
吃水	7.5米
最高航速	30节
满载排水量	13 370吨
相关简介	

实战性能

"加里波第"号的武器配置齐全,反舰、防空及反潜三者兼备,既可作为航母编队的指挥舰,又可单独行动。动力系统采用体积小、重量轻、功率大、启动快、操纵灵活的燃气轮机,而且机动性强,从静止状态到全功率状态只需3分钟。该舰的标准载机方式是8架AV-8B"鹞Ⅱ"战斗机和8架SH-3D"海王"直升机,在特殊情况下,也可只载16架AV-8B或18架SH-3D。

趣味小知识

"加里波第"号是以塔兰托作为母港,舰名起源于意大利名将朱塞佩•加里波第。他在意大利历史中扮演了重要的角色。他献身于意大利统一运动,亲自领导了许多军事战役,号称"意大利统一的宝剑"。

意大利"加富尔"号航空母舰

"加富尔"(Cavour)号是意大利第二代可用于实战的主力航空母舰。

AV-8B 战斗机从"加富尔"号航空母舰甲板上起飞

舰岛特写

研发历史

1998年初,意大利国防委员会批准建造新型多用途航空母舰的计划,但由于意大利海军预算缩减,该计划被迫延后一年左右。另外,由于受到经费限制,新型航母的尺寸、体积和排水量都变小了。新舰"加富尔"号于2001年开工建造,它与"地平线"级驱逐舰和欧洲多任务护卫舰一起组成了颇具欧洲特色的海上远洋舰队。

基本参数	
全长	244米
全宽	39米
吃水	8.7米
最高航速	28节
满载排水量	30 000吨
相关简介	

实战性能

"加富尔"号航空母舰使用全通飞行甲板,采用了英国"无敌"号航空母舰的"滑跃"跑道设计。其飞行甲板长220米、宽34米,飞行道长180米、宽14米,斜坡甲板倾斜度为12°,有1个合成孔径雷达平台突出在外,8架飞机的停放区位于跑道旁边,可停放12架舰载直升机(EH-101)或8架固定翼舰载机(AV-8B或F-35)。甲板上有6个直升机起降区,可以起降中型直升机。此外,该舰还能运输车辆和登陆艇。

趣味小知识

"加富尔"号航空母舰的名称是为了纪念意大利著名政治家卡米洛·奔索·迪·加富尔伯爵(1810年8月10日—1861年6月6日),他是意大利开国三杰之一,曾担任撒丁王国首相,同时也是意大利王国的第一任首相。

泰国"查克里·纳吕贝特"号航空母舰

"查克里·纳吕贝特"(Chakri Naruebet)号是泰国海军目前唯一的航空母舰。

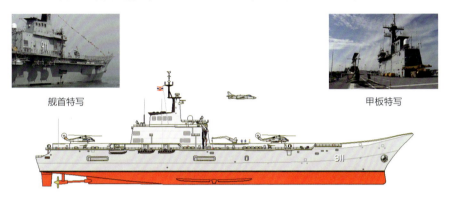

舰首特写　　　　　　　　　　　　　　　甲板特写

研发历史

1992年3月,泰国海军和西班牙巴赞造船厂签订了"查克里·纳吕贝特"号的建造合同,1994年6月开始建造,1996年1月下水,1997年3月移交给泰国海军。随后,在西班牙海军的帮助下,泰国海军在西班牙罗塔基地进行了4个月的舰员培训。

基本参数	
全长	164.1米
全宽	22.5米
吃水	6.12米
最高航速	27节
满载排水量	11 486吨
相关简介	

实战性能

"查克里·纳吕贝特"号借鉴了"阿斯图里亚斯亲王"号的设计,但在多项战术技术性能上有了显著的提高。该舰的满载排水量比"阿斯图里亚斯亲王"号缩小了近三分之一,而载机量仅减少四分之一,单位排水量的载机率有所提高。外形上,"查克里·纳吕贝特"号更为美观,柱状桅紧靠烟囱,岛式上层建筑有所延长。该舰的飞行甲板也采用了"滑跃"式设计,甲板首部斜坡上翘12°。为了提高耐波性,"查克里·纳吕贝特"号在舱部安装了展翼型防摇龙骨,并装设两对液压自动控制的减摇鳍。

趣味小知识

"查克里·纳吕贝特"号航空母舰的服役,使得泰国成为二战后继印度后第二个拥有航母的亚洲国家,也是东南亚地区唯一拥有小型航母的国家。

西班牙"阿斯图里亚斯亲王"号航空母舰

"阿斯图里亚斯亲王"（Principe de Asturias）号是西班牙第一艘自行建造的航空母舰。

舰岛特写

飞行甲板特写

基本参数	
全长	195.5米
全宽	24.3米
吃水	9.4米
最高航速	27节
满载排水量	16 900吨
相关简介	

研发历史

1979年10月，西班牙巴赞造船厂开始建造"阿斯图里亚斯亲王"号轻型航母。1982年，西班牙国王胡安·卡洛斯一世和王后见证了该舰的下水仪式。此后，由于需要增加"特里坦"数位指挥控制系统，原来的系统设计必须大幅更改，因此直至1988年5月30日它才正式服役。2008年全球金融危机之后重创欧洲经济，西班牙军费删减高达25%。考虑到经费拮据，加上"阿斯图里亚斯亲王"号舰龄日高，操作与维修成本较为昂贵，2013年2月6日，"阿斯图里亚斯亲王"号在典礼中正式除役。

实战性能

由于飞行甲板只有175.3米长，因此，"阿斯图里亚斯亲王"号也采用了"滑跃"跑道设计。该舰有几个独特之处：一是飞行甲板在主甲板之上，从而形成敞开式机库，这在"二战"后的航空母舰中是绝无仅有的；二是动力系统只采用2台燃气轮机，并且是单轴单桨，这在现代航母中同样是独一无二的；三是机库面积达2 300平方米，比其他同型航母多出70%，接近法国中型航母的水平。

趣味小知识

该舰最初打算命名为"卡瑞欧·布兰卡提督"号（Almmirante Carrero Blanco），后来则改为"阿斯图里亚斯亲王"号（Principe de Asturias），舰名来自西班牙储君的封号。

巴西"圣保罗"号航空母舰

"圣保罗"(Sao Paulo)号原是法国"克莱蒙梭"级航母的二号舰"福煦"号,巴西海军购买后将其改名。

飞行甲板特写

舰岛特写

研发历史

20世纪80年代末,法国在建造新一代航母"夏尔·戴高乐"号时,为了筹措不断超支的建造费用,法国不得不考虑提前将"福煦"号航母出售。而巴西也在积极寻求购买中型航母,以适应当前及未来一段时间的需要,两国于2000年达成交易,同年11月售予巴西并改名"圣保罗",2001年4月正式进入巴西海军服役。

基本参数	
全长	265米
全宽	31.7米
吃水	8.6米
最高航速	32节
满载排水量	32 780吨
相关简介	

实战性能

"圣保罗"号具有与美国大型航母相同的斜角甲板和相应设备。该舰的飞行甲板分为两部分:一部分是舰首的轴向甲板,设有1部BS5蒸汽弹射器,可供飞机起飞;另一部分是斜角甲板,甲板斜角为8°,设有1部BS5蒸汽弹射器和4道拦阻索,既可供飞机起飞,又可供飞机降落。在右舷上层建筑前后各有1部升降机。此外,该舰的机库总面积为4 320平方米,分隔成3个库区。

> **趣味小知识**
>
> 2017年2月16日,巴西宣布放弃原定将其唯一现役航母"圣保罗"号进行升级维修后使之服役到2039年的计划,并在3年内将其作退役处理。

印度"维拉特"号航空母舰

"维拉特"(Viraat)号原是英国"人马座"级航母的四号舰,1985年转售给印度。

舰岛特写

局部特写

研发历史

1986年4月24日,英国将"竞技神"号航母以2500万英镑的低价卖给印度,同时卖出的还有舰上使用的12架"海鹞"垂直/短距起降战斗机。遵循印度航母命名通常使用抽象术语的传统,印度海军将"竞技神"号改名为"维拉特"号,寓意为"只有强者才能称霸海洋"。1987年5月,"维拉特"号正式加入印度海军,成为驻孟买的西部舰队旗舰。入役印度海军以来,该航母经历了四次大型整修和一次小翻新。

基本参数	
全长	226.9米
全宽	48.78米
吃水	8.8米
最高航速	28节
满载排水量	28 700吨
相关简介	

实战性能

"维拉特"号经过多次改装,现在以反潜、制空和指挥功能为主。该舰前部设有宽49米的直通型飞行甲板,有12°的滑橇角,上升的斜坡长度为46米,以使舰载机能在较短的距离内滑跃升空。"维拉特"号的飞行甲板上共设有7架直升机停放区,可供多架直升机同时起降。机库内可搭载12架"海鹞"垂直/短距起降飞机和7架MK2型反潜直升机。实际作战时,可将"海鹞"搭载量增至30架,但它们不能全部进入机库。

Chapter 02 航空母舰

印度"维克兰特"级航空母舰

"维克兰特"(Vikrant)级是印度自行研制的第一级航空母舰。

"维克兰特"级航空母舰准备出坞

前侧方特写

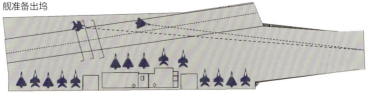

研发历史

首舰"维克兰特"号原计划于2005年铺设龙骨,但由于种种原因直到2009年2月才铺设龙骨,因此下水和服役的时间也相应推迟。2013年8月12日,该级舰正式下水,并预计在2020年开始服役。

基本参数	
全长	260米
全宽	60米
吃水	10米
最高航速	28节
满载排水量	40 000吨
相关简介	

实战性能

"维克兰特"级航空母舰最多可搭载30架舰载机,其中17架可存放在机库内。根据各国军工企业发布的公开信息,"维克兰特"级航空母舰的燃气轮机、螺旋桨、升降机、相控阵雷达、指挥控制系统、卫星通信、惯性导航、电子对抗等关键部分都是"舶来品"。

趣味小知识

"维克兰特"号航空母舰的命名是取自古老文献中"彻底击败胆敢与我作战之人"作为该舰座右铭,意思是指"我能击败那些与我对抗的人"。

Chapter 03

巡洋舰

巡洋舰是目前世界上除航空母舰外唯一的大型水面战斗舰艇,装备有较强的进攻和防御型武器,具有较高的航速和适航性,能在恶劣气候条件下长时间进行远洋作战。其任务主要包括为舰队护航,或作为编队旗舰组成海上机动编队,攻击敌方水面舰艇、潜艇或岸上目标。此外,它还可以支援登陆兵作战。

Chapter 03 巡 洋 舰

美国"布鲁克林"级巡洋舰

"布鲁克林"(Brooklyn)级是美国于20世纪30年代建造的轻型巡洋舰。

武器发射系统

舰上搭载的战机

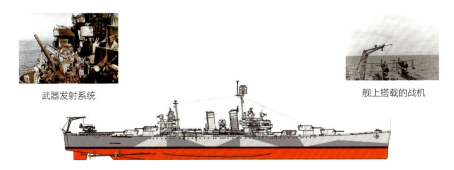

研发历史

"布鲁克林"级巡洋舰是1930年的《伦敦海军条约》的产物,根据这个补充条约,美国只可以再建造两艘重巡洋舰。为此,美国不得不转向建造装备152毫米主炮的轻型巡洋舰,因此促成了"布鲁克林"级巡洋舰的诞生。

基本参数	
全长	815米
全宽	19米
吃水	7米
最高航速	32.5节
满载排水量	12 207吨
相关简介	

实战性能

"布鲁克林"级巡洋舰装备了美国新研制的47倍口径Mk 16型舰炮,炮塔正面装甲达165毫米,副炮为167毫米25倍口径的单装炮。防空武器主要为12.7毫米的机枪。舰尾装备2部弹射器和4架水上飞机,无鱼雷装置。

趣味小知识

二战后,拥有坚强火力和优秀性价比的"布鲁克林"级巡洋舰成为国际军火市场上的抢手货,除"萨凡纳"号、"火努鲁鲁"号和被击沉的"海伦纳"号之外全部被南美国家购入充实本国海军实力。

美国"亚特兰大"级巡洋舰

"亚特兰大"(Atlanta)级是美国在二战期间建造的轻型巡洋舰。

停在海军基地的"亚特兰大"级巡洋舰

武器发射系统

研发历史

"亚特兰大"级巡洋舰最初设计为快速侦察巡洋舰或舰队司令舰,但二战期间,事实证明这是一款有效的防空巡洋舰。首舰"亚特兰大"号于1940年4月开始建造,1941年9月下水,同年11月开始服役。

基本参数	
全长	164.9米
全宽	16.1米
吃水	6.3米
最高航速	33.6节
满载排水量	7400吨
相关简介	

实战性能

"亚特兰大"级巡洋舰的船体类似"布鲁克林"级巡洋舰,保留了舰尾的横梁,后甲板下甚至还有机库。主机包括4台高压锅炉。与其他美国巡洋舰不同的是,它采用了与驱逐舰类似的双轴涡轮。该级舰最初装有8座双联装127毫米舰炮,并配有大量次级防空武器,包括16座27.94毫米舰炮、6座20毫米防空加农炮。"亚特兰大"级巡洋舰还是美国海军在二战期间列装的唯一加装有鱼雷发射管的巡洋舰。

趣味小知识

在"亚特兰大"号于1941年服役后,该级舰很快就投入太平洋战场,其中"圣地亚哥"号在日本投降仪式中被选为停泊在"密苏里"号战列舰旁的舰艇,也是二战中获得最多"战斗之星"的巡洋舰。

美国"克利夫兰"级巡洋舰

"克利夫兰"(Cleveland)级是美国在二战期间参战最多的巡洋舰。

海军成员聚集"克利夫兰"级巡洋舰甲板上

建造中的"克利夫兰"级巡洋舰

研发历史

1938年,美国海军鉴于日本海军强大,确定建造新一代巡洋舰,它的设计完全摆脱了各类海军军备条约的限制。鉴于在欧洲战区的实战经验,该级巡洋舰在设计时希望增大航程和增强防空火力,以提高战舰的整体战斗力。这一级新型巡洋舰被定名为"克利夫兰"级。

基本参数	
全长	186米
全宽	20.2米
吃水	7.5米
最高航速	32节
满载排水量	14 131吨
相关简介	

实战性能

"克利夫兰"级巡洋舰使用了先进的独立防水隔舱,因而在对鱼雷水平攻击的防护方面比较强,再加上火力强大,因此该级巡洋舰经常作为快速航母编队的成员参加战斗。该级舰装有4座三联装Mk16型152毫米舰炮、6座双联装Mk12型127毫米舰炮、12座40毫米博福斯高炮和20座20毫米"厄利空"高炮。

趣味小知识

1943年由于美国在太平洋上参战的航空母舰只有1艘,美国海军决定以"克利夫兰"级巡洋舰舰体建造"独立"级航空母舰。

美国"巴尔的摩"级巡洋舰

"巴尔的摩"(Baltimore)级巡洋舰是美国海军在二战期间建造的重型巡洋舰。

舰炮正在射击

甲板特写

研发历史

由于战争初期美军对轻型巡洋舰的需求更为紧迫,"巴尔的摩"级巡洋舰的建造有少许拖后。直到 1943 年 4 月,首舰"巴尔的摩"号才服役。

实战性能

"巴尔的摩"级巡洋舰装备有 3 座三联装 203 毫米主炮,并安装了服役不久的双联装 127 毫米副炮和无线电近爆引信炮弹。受益于其庞大的舰体和充足的火力,"巴尔的摩"级巡洋舰的防空能力仅次于快速战列舰,因此,本级舰服役后,多半用于快速航母舰队的护航。

基本参数	
全长	205.26 米
全宽	21.59 米
吃水	8.18 米
最高航速	33 节
满载排水量	17 000 吨

相关简介

趣味小知识

二战期间,14 艘同级舰中仅"堪培拉"号在 1945 年被航空鱼雷命中而受伤。

Chapter 03 巡 洋 舰

美国"俄勒冈"级巡洋舰

"俄勒冈"（Oregon City）级是美国在"巴尔的摩"级巡洋舰基础上建造的重型巡洋舰。

停在港口的"俄勒冈"级巡洋舰

舰岛特写

研发历史

二战期间，美国海军共将 10 艘"巴尔的摩"级舰体移做"俄勒冈"级巡洋舰建造，最初的 3 艘顺利建造完成，但第四艘舰却在建造过程中遭到中止，而余下 6 艘舰中有 5 艘的龙骨已铺设完成，但最终悉数被取消。

基本参数	
全长	205 米
全宽	21 米
吃水	8 米
最高航速	33 节
满载排水量	16 500 吨
相关简介	

实战性能

在舰体设计上，"俄勒冈"级巡洋舰沿用了"巴尔的摩"级巡洋舰的设计，两者极为相似，但"俄勒冈"级巡洋舰的设计更为紧凑，去掉了后烟囱。该级舰的标准排水量为 13 660 吨，采用四轴推进。主炮为 3 座三联装 203 毫米炮，副炮为 6 座双联装 MK12 型 127 毫米 38 倍口径高平两用炮。

趣味小知识

"俄勒冈"级巡洋舰首舰"俄勒冈城"号（CA-122）在服役仅 22 个月后就退役了，这是美国巡洋舰中最短的服役期之一。

美国"伍斯特"级巡洋舰

"伍斯特"（Worcester）级是美国在二战后建造的防空巡洋舰。

急速航行中的"伍斯特"级巡洋舰

武器发射系统特写

研发历史

"伍斯特"级巡洋舰是美国海军的最后全舰炮型轻巡洋舰，由于战争结束，仅建造2艘。首舰"伍斯特"号于1945年1月在纽约海军船厂开工安放龙骨，1947年2月下水，1948年6月服役，1958年12月退役。二号舰"拉沃克"号于1947年6月下水，1949年4月服役。

基本参数	
全长	207.1米
全宽	21.5米
吃水	7.5米
最高航速	33节
满载排水量	18 000吨
相关简介	

实战性能

为了能跟随设计中的"中途岛"级大型航母配合作战，"伍斯特"级巡洋舰的最高航速达到33节，标准排水量14 700吨，远远超越了同样装备有12门152.4毫米舰炮的"克利夫兰"级巡洋舰，比有"最后的重巡"之称的"德梅因"级巡洋舰要小。"伍斯特"级巡洋舰装备12座152.4毫米高平两用炮，12座双联装76.2毫米舰炮，12～16座20毫米"厄利空"机关炮。

趣味小知识

"伍斯特"级巡洋舰在服役期间主要在地中海活动，偶尔开赴太平洋。

美国"德梅因"级巡洋舰

"德梅因"（Des Moines）级是美国最后一批，也是设计最精良的一批火炮巡洋舰。

停在港口的"德梅因"级巡洋舰

前侧方特写

研发历史

在1942年的所罗门群岛海战中，日本联合舰队的密集火力使美国海军水面舰艇损失惨重，美军认为其主要原因是己方巡洋舰上的203毫米射速太低，限制了其在狭窄海域内的使用效能。为了弥补这一不足，1943年春，美军开始研发了一种新型的Mk16型203毫米速射主炮，并设计了一级全新的舰艇来安装Mk16，这就是"德梅因"级巡洋舰。

基本参数

全长	218.4米
全宽	23.3米
吃水	6.7米
最高航速	33节
满载排水量	21 268吨
相关简介	

实战性能

根据美军在太平洋海战中的经验，"德梅因"级巡洋舰侧重防空和主炮火力，在主甲板上又铺设了一层防触发引信的新甲板，扩大了弹药舱的容量，使得最终标准排水量达到19 993吨。"德梅因"级巡洋舰采用2组通用电气公司的涡轮机和4个威尔考克斯公司的锅炉，四轴推进。

趣味小知识

CA-139巡洋舰曾经在1956年电影《The Battle of the River Plate》中扮演德国"施佩伯爵海军上将"号重巡洋舰，并在1994年成为纪念舰。

美国"阿拉斯加"级巡洋舰

"阿拉斯加"(Alaska)级巡洋舰是美国在二战后期建造的大型巡洋舰。

船员正在为"阿拉斯加"级巡洋舰的舰炮装填炮弹

建造中的"阿拉斯加"级巡洋舰

基本参数	
全长	246.3 米
全宽	27.6 米
吃水	9.2 米
最高航速	33 节
满载排水量	34253 吨
相关简介	

研发历史

"阿拉斯加"级巡洋舰预计建造 6 艘,舷号 CB1~CB6,实际只完成 2 艘。第三艘"夏威夷"号因为此时战争早已结束,因此未能完成。首舰"阿拉斯加"号和二号舰"关岛"号分别于 1944 年 6 月 17 日和 1944 年 9 月 17 日服役,加入太平洋舰队对日作战。

实战性能

"阿拉斯加"级巡洋舰原本是设计为巡洋舰队的领舰,对手是日本的重型巡洋舰,因此拥有较强的火力、机动性和高级的指挥性能,但是造价昂贵,与"衣阿华"级战列舰差不多,但装甲防护相差悬殊。"阿拉斯加"级巡洋舰的主要武器是装备于 3 座三联装 304.8 毫米 Mk8 主炮。

趣味小知识

"阿拉斯加"级的造价比"巴尔的摩"级巡洋舰高出近一倍,相当于"衣阿华"级战列舰造价的 70%。有限的用途、昂贵的耗费决定了"阿拉斯加"级战后的命运,注定是一种特定条件下带有很强实验性色彩的军舰。

Chapter 03 巡 洋 舰

美国"长滩"号巡洋舰

"长滩"(Long Beach)号巡洋舰是美国建造的世界上第一艘核动力水面战斗舰艇。

前侧方特写

装载的导弹发射器特写

研发历史

"长滩"号巡洋舰于1959年开建,1961年建成服役。1972年在维修时更换了核反应堆。1980年10月到1983年3月进行了现代化改装。

基本参数	
全长	219.84 米
全宽	21.79 米
吃水	9.32 米
最高航速	30 节
满载排水量	17525 吨
相关简介	

实战性能

"长滩"号巡洋舰的武器原以防空为主,以RIM-2中程防空导弹和RIM-8长程防空导弹为主干,其他有反潜导弹、反潜鱼雷、舰炮等,现代化改装后加装"密集阵"系统、"战斧"巡航导弹、"鱼叉"反舰导弹,使火力更加充足,应付目标更多元。动力系统采用2座压水反应炉、2台大型蒸汽涡轮发动机,由双轴双舵推进。

> **趣味小知识**
>
> "长滩"号作为史上第一艘核动力水面战舰,适逢世界海军迈入导弹化的时代,美国海军力求在其身上各个方面都体现出划时代的特色。

37

美国"莱希"级巡洋舰

"莱希"(Leahy)级是美国于20世纪50年代末建造的导弹巡洋舰。

武器系统特写

导弹室特写

研发历史

"莱希"级导弹巡洋舰共建9艘,首舰"莱希"号于1959年12月动工,1961年7月下水,1962年8月服役。该级舰作为舰母编队的组成部分之一,其首要使命是防空作战,其次是反潜,同时可用于支援两栖作战。

基本参数

全长	162.5米
全宽	16.6米
吃水	7.6米
最高航速	32节
满载排水量	8 203吨
相关简介	

实战性能

"莱希"级舰上舰对空、舰对舰和反潜导弹一应俱全:2座四联装"鱼叉"舰对舰导弹发射装置、2座MK-10型SM-2ER"标准"舰对空导弹发射装置、1座八联装MK-16"阿斯洛克"反潜导弹发射装置,同时在舰中部两侧还布置了2座MK-32型鱼雷发射装置。此外,还设有2座30毫米"密集阵"近程防御武器系统。

趣味小知识

"莱希"级巡洋舰舰名以美国海军将领或英雄命名,首舰"莱希"号以美国五星上将、美国海军作战部长威廉·丹尼尔·莱希命名。

美国"班布里奇"级巡洋舰

"班布里奇"（Bainbridge）级是美国建造的核动力巡洋舰。

上层建筑特写

停靠在造船厂中的"班布里奇"级巡洋舰

研发历史

"班布里奇"级巡洋舰仅建造1艘，1959年由美国伯利恒钢铁公司铺设龙骨，1961年10月建成。它是继"长滩"号巡洋舰、"企业"号航母之后的第三艘核动力战舰，也是世界上最小的核动力水面舰只。

基本参数	
全长	172.3米
全宽	17.6米
吃水	7.7米
最高航速	30节
满载排水量	8592吨
相关简介	

实战性能

"班布里奇"级巡洋舰装有较强大的武器装备和电子设备：3座四联装"鱼叉"舰对舰导弹发射装置、2座双联装MK-10型"标准"ER中程舰对空导弹（配备导弹80发）发射装置、1座八联装MK-16"阿斯洛克"反潜导弹发射装置、2具三联装324毫米MK-32鱼雷发射管、2座"密集阵"近程防御武器系统，多部对海、对空、火控和导航雷达，以及球鼻首SQQ23型声呐和WSC3型卫星通信系统。

趣味小知识

"班布里奇"号巡洋舰与"莱希"级巡洋舰的舰型、结构、武器装备及电子系统基本完全一致，区别仅在于动力，因此常被作为"莱希"级的从属舰。

美国"贝尔纳普"级巡洋舰

"贝尔纳普"（Belknap）级是美国海军隶下的一型导弹巡洋舰，是美国第三代蒸汽轮机导弹巡洋舰。

上层建筑特写

准备的 RIM-2 导弹特写

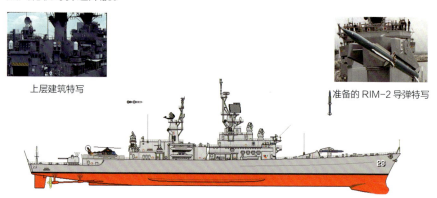

研发历史

"贝尔纳普"级巡洋舰共建造了 9 艘，首舰"贝尔纳普"号于 1962 年 2 月动工兴建，1964 年 11 月服役。最初，美国海军将该级舰定为导弹护卫舰，从 1975 年 6 月 30 日起，改称为"导弹巡洋舰"。

基本参数	
全长	167 米
全宽	17 米
吃水	8.8 米
最高航速	32 节
满载排水量	7 930 吨
相关简介	

实战性能

"贝尔纳普"级巡洋舰的武器精良，共有 2 座四联装"鱼叉"导弹发射架、1 座双联 MK-10 型导弹发射架、2 座"密集阵"近程武器系统、1 门 127 毫米舰炮，以及箔条式干扰火箭发射器。该级舰的电子设备性能也十分先进，有多部对空、对海雷达及电子战系统等。此外，舰上还搭载有 1 架"拉姆普斯"反潜直升机。

趣味小知识

"贝尔纳普"级舰名是为了纪念美国海军军官海军少将乔治•贝尔纳普和他的儿子海军少将雷金纳德•贝尔纳普。

美国"加利福尼亚"级巡洋舰

"加利福尼亚"（California）级是美国为"尼米兹"航母编队设计的一级大型巡洋舰。

上层建筑特写

"支奴干"直升机在"加利福尼亚"级巡洋舰上空飞行

研发历史

"加利福尼亚"级巡洋舰是为了填补"尼米兹"级航空母舰服役后的巡洋舰空缺而建造的核动力巡洋舰。"加利福尼亚"级巡洋舰一共建造了2艘，首舰"加利福尼亚"号（CGN-36）于1970年1月开工，1971年9月下水，1974年2月正式服役。二号舰"南卡罗来纳"号（CGN-37）于1970年12月开工，1972年7月下水，1975年1月服役。20世纪90年代初，"加利福尼亚"级巡洋舰进行了改装。

基本参数	
全长	179米
全宽	19米
吃水	9.6米
最高航速	30节
满载排水量	10 800吨
相关简介	

实战性能

作为一种多用途巡洋舰，"加利福尼亚"级舰上装备众多，共有2座四联装"鱼叉"舰对舰导弹发射器、2座SM-1MR"标准"舰空导弹发射器、1座八联装MK16型"阿斯洛克"反潜导弹发射器、2具MK32型三联装反潜鱼雷发射管、220毫米Mk15型"密集阵"近程防御武器系统，以及MK36型箔条火箭发射架。该级舰装有多部对空、对海搜索雷达，多套指挥控制系统。舰上还设有直升机起降平台。

趣味小知识

"加利福尼亚级"巡洋舰在世界上的名气不是很大，远远不像"提康德罗加"级、"基洛夫"级那样威名天下扬。但其实它是美国海军最后一级核动力巡洋舰——"弗吉尼亚"级的前辈，性能虽说不上出类拔萃，但也是可圈可点。

美国"弗吉尼亚"级巡洋舰

"弗吉尼亚"(Virginia)级是美国于20世纪70年代建造的核动力导弹巡洋舰。

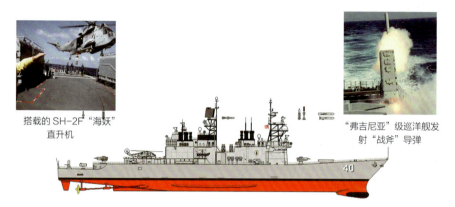

搭载的SH-2F"海妖"直升机

"弗吉尼亚"级巡洋舰发射"战斧"导弹

研发历史

"弗吉尼亚"级巡洋舰的首舰"弗吉尼亚"号于1972年开始建造,1974年下水,1976年9月服役。二号舰"得克萨斯"号1977年9月服役,三号舰"密西西比"号1978年8月服役,四号舰"阿肯色"号1980年10月服役。

基本参数	
全长	178.3米
全宽	19.2米
吃水	9.6米
最高航速	30节
满载排水量	11 300吨
相关简介	

实战性能

"弗吉尼亚"级巡洋舰的反舰武器主要是反舰型"战斧"导弹,辅助反舰武器为"鱼叉"反舰导弹,此外还有2座127毫米舰炮。防空方面,主要依靠2座双联装MK26导弹发射装置,可发射"标准2"防空导弹。近程防御方面,使用著名的"密集阵"近防系统。反潜方面,主要依靠MK26导弹发射装置发射"阿斯洛克"反潜导弹,备弹24枚。辅助反潜设备为2座三联装Mk32反潜鱼雷发射器。此外,该级舰还可搭载2架直升机。

趣味小知识

"弗吉尼亚"级巡洋舰各个方面的设计都从自动化考虑,因而比"加利福尼亚"级巡洋舰减少舰员100人左右。此外,它还着重考虑了全舰的居住性,其生活条件较为舒适,有利于舰员在海上长期生活,执行作战任务。

Chapter 03 巡洋舰

美国"提康德罗加"级巡洋舰

"提康德罗加"(Ticonderoga)级巡洋舰是美国第一种配备"宙斯盾"系统的作战舰只。

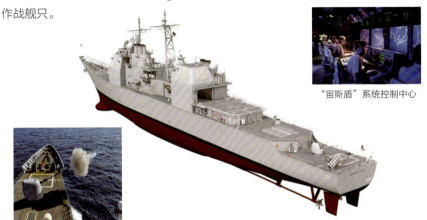

"宙斯盾"系统控制中心

127毫米Mk 45舰炮开火

研发历史

"提康德罗加"级巡洋舰共有27艘同级舰,首舰"提康德罗加"号于1980年3月开始建造,1981年4月下水,1983年1月开始服役。直到1994年7月,27艘全部建成开始服役。

基本参数	
全长	173米
全宽	16.8米
吃水	10.2米
最高航速	32.5节
满载排水量	9 800吨
相关简介	

实战性能

"提康德罗加"级巡洋舰是作为航空母舰战斗群与两栖攻击战斗群的主要指挥中心,以及为航空母舰提供保护。身为航空母舰战斗群头号护卫兵力,配备"宙斯盾"系统的"提康德罗加"级舰提供极佳的防空战力,使得航空母舰战斗群有充足的力量抵抗敌方来自水面、空中、水下兵力的导弹攻击。此外,"宙斯盾"系统也具有极佳的反潜能力。防空作战主要依靠"标准2"导弹,近程防御方面则使用"密集阵"近程武器系统。

趣味小知识

除"汤马斯·盖兹"号之外,"提康德罗加"级巡洋舰全部采用美国历史上的著名古战场命名,其中还有至少12艘继承了美国在二战时期的航母舰名。

俄罗斯"克里斯塔Ⅰ"级巡洋舰

"克里斯塔Ⅰ"(KrestaⅠ)级是俄罗斯第二种导弹巡洋舰,代号"1134 金雕"(Golden Eagle)。

舰首特写

上层建筑特写

研发历史

"克里斯塔Ⅰ"级巡洋舰的首舰于 1964 年 7 月 26 日开工,1965 年 10 月 17 日下水,1967 年 10 月 8 日服役,该级舰主要用于反舰任务。后继型号"克列斯塔Ⅱ"级巡洋舰用于反潜任务。

基本参数	
全长	155.6 米
全宽	17 米
吃水	6 米
最高航速	34 节
满载排水量	7 500 吨
相关简介	

实战性能

"克里斯塔Ⅰ"级巡洋舰的主要武器包括 2 座双联装 SS-N-3B 型舰对舰导弹,2 座双联装 SA-N-1 舰对空导弹发射装置,2 座双联装 57 毫米 80 倍径舰炮,2 座 RBU6000 反潜火箭深弹发射器,2 座 RBU1000 反潜火箭深弹发射器,2 具五联装 553 毫米鱼雷发射管。此外,该级舰还可搭载 1 架卡 -25 直升机。

趣味小知识

随着苏联海军优先任务转移到反潜,"克里斯塔Ⅰ"级巡洋舰最终只制造了 4 艘。

Chapter 03 巡 洋 舰

俄罗斯"克里斯塔Ⅱ"级巡洋舰

"克里斯塔Ⅱ"（KresaⅡ）级巡洋舰是俄罗斯海军冷战期间建造的一级导弹巡洋舰，俄罗斯编号为1134A。

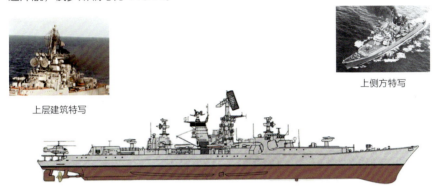

上层建筑特写

上侧方特写

研发历史

"克里斯塔Ⅱ"级巡洋舰是"克里斯塔Ⅰ"级巡洋舰的反潜改进型，装备新的SS-N-14"火石"反潜导弹、SA-N-3防空导弹及新的声呐。"克里斯塔Ⅱ"级巡洋舰的10艘同级舰全由圣彼得堡泽但诺夫船厂建造，于20世纪60年代后期服役，冷战结束后全部快速退役。

基本参数	
全长	159米
全宽	17米
吃水	6米
最高航速	34节
满载排水量	7 535吨
相关简介	

实战性能

"克里斯塔Ⅱ"级巡洋舰的主要武器包括2座四联装SS-N-14反潜导弹发射装置、2座双联装SA-N-3舰空导弹发射装置（备弹72枚）、2座双联装57毫米70倍口径AK-725舰炮、4座30毫米AK-630近迫武器系统、2具五联装533毫米鱼雷发射管。此外，该级舰还可搭载1架卡-25直升机。

趣味小知识

"克里斯塔Ⅱ"级是苏联海军的第二类导弹巡洋舰，其建造的年代，正好是苏联国力从卫国战争后逐渐恢复到顶峰的时期，也是苏联历史上同期经济增长率最高的年代。

俄罗斯"金达"级巡洋舰

"金达"(Kynda)级是俄罗斯于20世纪60年代建造的导弹巡洋舰。

上层建筑特写　　　　　　　　　　　　后侧方特写

研发历史

"金达"级巡洋舰最初是苏联为应对美国强大的航母力量威胁而建造的。该级舰在1960-1965年间建造,一共建造了4艘,持续服役到21世纪初。

实战性能

"金达"级巡洋舰标准排水量4 800吨,舰上装有2座四联装SS-N-3反舰导弹发射器,这种巨大的巡弋导弹射程可达764千米。舰上主要武器还有舰首1座SA-N-1防空导弹双臂发射器、舰尾2座双联装76毫米炮。2座反舰导弹发射器用搜索雷达可同时攻击两个目标。因为舰上无法搭载直升机,"金达"级巡洋舰要依赖其他舰只或直升机为其反舰导弹进行中途导航。

基本参数	
全长	141.9米
全宽	15.8米
吃水	5.3米
最高航速	34节
满载排水量	5 500吨
相关简介	

趣味小知识

"金达"级的命名为纪念伟大卫国战争时期的北方舰队司令员、1961年10月30日在新地岛核试验中得急性放射病病逝的苏联海军第一副司令员阿尔谢尼·格里戈里耶维奇·戈洛夫科。

俄罗斯"卡拉"级巡洋舰

"卡拉"(Kara)级是俄罗斯第一级燃气轮机巡洋舰。

前侧方特写　　　　　　　　　　　　　　　　　　侧方特写

研发历史

"卡拉"级巡洋舰共建造了7艘,依次为"尼古拉耶夫"号、"奥沙科夫"号、"刻赤"号、"亚速夫"号、"彼得罗巴甫洛夫斯克"号、"塔什干"号和"塔林"号。首舰"尼古拉耶夫"号于1969年开工,1973年服役。所有该级舰在1980年全部完工。

基本参数

全长	173.2米
全宽	18.6米
吃水	6.8米
最高航速	32节
满载排水量	9 700吨
相关简介	

实战性能

"卡拉"级巡洋舰是在"克里斯塔Ⅱ"级巡洋舰的基础上改进而来的,所以外形类似于"克里斯塔Ⅱ"级巡洋舰。因为反潜是该级舰的首要任务,所以它装备的反潜兵器齐装配套。远程反潜任务由1架卡-25直升机担负,中近程是2座四联装SS-N-14远程反潜导弹发射装置。此外,它还有2具五联装533毫米鱼雷发射管、2座12管RBU-6000和2座6管RBU-1000反潜深弹发射装置起辅助反潜作用。

趣味小知识

建造"卡拉"级巡洋舰的船厂几乎以每年建成1艘的高速度完成了该级舰全部7艘的造舰计划。这既说明苏联海军对该级舰的迫切需要,也证明了当时苏联人拥有饱满的工作热情。

俄罗斯"基洛夫"级巡洋舰

"基洛夫"(Kirov)级是俄罗斯建造的大型核动力巡洋舰,目前装备于俄罗斯海军。

保存在博物馆中的"基洛夫"级巡洋舰模型

俄罗斯船员在"基洛夫"级巡洋舰上进行操练

研发历史

"基洛夫"级巡洋舰的首舰"乌沙科夫上将"号于1973年开始建造,1980年12月底服役。二号舰"拉扎耶夫上将"号于1984年服役。三号舰"纳希莫夫上将"号于1988年服役。四号舰"彼得大帝"号于1996年服役。

基本参数	
全长	251.2米
全宽	28.5米
吃水	9.4米
最高航速	31节
满载排水量	26 396吨
相关简介	

实战性能

"基洛夫"级巡洋舰采用的是苏联核动力指挥舰SSV-22的船体,并在舰上安装了大量的武器装备和电子设备,前桅杆上有巨大的雷达组件。上甲板上为20枚SS-N-19"花岗岩"反舰导弹,舰体后部有1座130毫米AK-130DP多用途双管舰炮。该级舰的防空火力主要由SA-N-6防空导弹、SA-N-9防空导弹、SA-N-4防空导弹和"卡什坦"近防系统组成。"基洛夫"级巡洋舰的外围反潜任务主要依靠3架舰载直升机,使用型号为卡-27或卡-25。

趣味小知识

"基洛夫"级是世界上建造的最大的巡洋舰,舰满载排水量超过2.5万吨,仅次于航空母舰,舰上装载超过400枚导弹,因此有"武库舰"的称号,是世界上唯一排水量超过2万吨及使用核动力的现役巡洋舰。

Chapter 03 巡 洋 舰

俄罗斯"光荣"级巡洋舰

"光荣"(Slava)级是俄罗斯研制的常规动力巡洋舰。

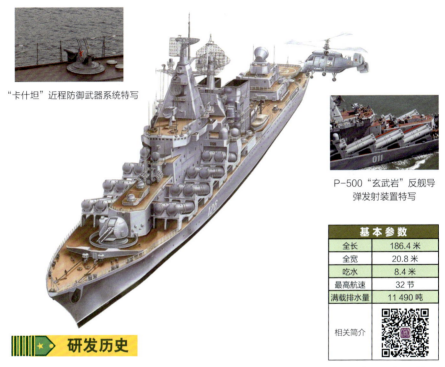

"卡什坦"近程防御武器系统特写

P-500"玄武岩"反舰导弹发射装置特写

基本参数	
全长	186.4 米
全宽	20.8 米
吃水	8.4 米
最高航速	32 节
满载排水量	11 490 吨
相关简介	

研发历史

"光荣"级巡洋舰是苏联"1164"造舰计划的产物,共建成3艘,另有2艘因苏联的解体而被停建。目前,建成的3艘"光荣"级巡洋舰分别隶属于俄罗斯黑海舰队、北方舰队和太平洋舰队。

实战性能

"光荣"级巡洋舰被称为缩小型的"基洛夫"级巡洋舰,舰载武器在一定程度上相似。该级舰装备威力强大的SS-N-12反舰导弹作为主要攻击武器,全舰装有16枚。"光荣"级巡洋舰采用"三岛式"设计,上层建筑分首、中、尾三部分,这种设计便于武器装备和舱室的均衡分布,可提高舰艇的稳定性。该级舰还设有1个撑起的直升机平台,其宽度仅为舰宽的一半,可搭载1架卡-25或卡-27反潜直升机。

英国"郡"级巡洋舰

"郡"(County)级巡洋舰是英国从1928年起建造的一级条约型巡洋舰。

航行中的"郡"级巡洋舰

舰炮特写

研发历史

"郡"级巡洋舰是英国从1928年起建的一级条约型巡洋舰。"郡"级巡洋舰的排水量一般限制在10 000吨内,火炮口径为266毫米。13艘该级舰被分成三个次级:"肯特"级、"伦敦"级和"诺福克"级。

实战性能

"肯特"级装甲薄弱,所以又被私下蔑称为"白色的坟墓"。万幸的是在二战爆发前,该级舰进行了彻底的现代化改装,加装了附加装甲并提升了防空能力。"伦敦"级最初的设计与"肯特"级类似,但是舰桥和前桅杆的位置后移;另外,主桅杆靠近X炮塔,并且在内部加装了防鱼雷隔舱。"诺福克"级换装了新型的Mk2炮塔,"肯特"级上较贫弱的防御部分也有了很大改进。

基本参数

全长	190米
全宽	21米
吃水	6.6米
最高航速	31.5节
满载排水量	14 150吨
相关简介	

趣味小知识

在二战中,"伦敦"级有着出色的表现,从海浪滔天的北大西洋到危机重重的太平洋,都出现过"伦敦"级巡洋舰浴血奋战的身影。

英国"狄多"级巡洋舰

"狄多"（Dido）级巡洋舰是英国在二战期间建造的轻型防空巡洋舰。

"狄多"级巡洋舰正在执行任务

"狄多"级巡洋舰上的炮手正在瞄准目标

研发历史

"狄多"级巡洋舰预定建造 16 艘，最后的 5 艘对最初的设计进行了大幅度的修改，因此也被单独命名为"司战女神"级巡洋舰。大多数"狄多"级巡洋舰都有在地中海服役的经历，这是由于在地中海水域空中打击是舰队面临的最大威胁。

基本参数	
全长	156 米
全宽	15.39 米
吃水	4.6 米
最高航速	32.3 节
满载排水量	7 600 吨
相关简介	

实战性能

"狄多"级巡洋舰最初的设计是装备 10 座新型 133 毫米 Mark Ⅰ 高炮担任舰队防空任务。但是由于 MarkⅠ型火炮数量的短缺，最初的 3 艘各自只装备了 8 座该型火炮，而最后建造的第三批则装备了效果相当的 114 毫米 Mark Ⅲ 主炮。

趣味小知识

大多数"狄多"级巡洋舰都有在地中海服役的经历，这是由于在地中海水域空中打击是舰队面临的最大威胁。

英国"快速"级巡洋舰

"快速"(Swiftsure)级巡洋舰是英国在二战期间建造的轻型巡洋舰。

高射炮

航行中的"快速"级巡洋舰

研发历史

"快速"级巡洋舰是在"斐济"级巡洋舰的基础上改进而来,所以也被称为"斐济"级第三批。"快速"级巡洋舰原计划建造8艘,最终建造了3艘,另外,5艘的建造计划被取消。二号舰"牛头怪"号在"二战"后被出售给加拿大,并重新命名为"安大略"号。

基本参数

全长	169.3米
全宽	19米
吃水	5.26米
最高航速	31.5节
满载排水量	11 560吨
相关简介	

实战性能

"快速"级巡洋舰的标准排水量为8 500吨,装备3座三联装152毫米主炮、5座双联装102毫米高平炮、4座四联装40毫米高炮、22座20毫米高炮、2具三联装533毫米鱼雷发射管。

趣味小知识

"快速"级巡洋舰又被称为"确捷"级巡洋舰、"牛头怪"级巡洋舰等。

Chapter 03 巡 洋 舰

英国"老虎"级巡洋舰

"老虎"(Tiger)级巡洋舰是英国于 20 世纪 50 年代建造的巡洋舰。

前侧方特写

上层建筑特写

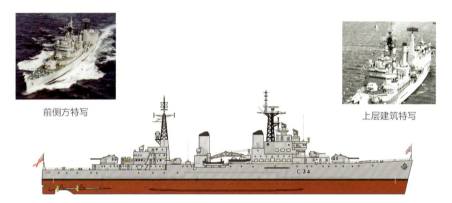

研发历史

"老虎"级巡洋舰的首舰"老虎"号于 1941 年 10 月开始建造,1945 年 10 月下水,1959 年 3 月正式开始服役。二号舰"狮子"号和三号舰"布莱克"号分别于 1960 年和 1961 年服役。"老虎"号和"布莱克"号在 1969 年改装为反潜巡洋舰。

基本参数

全长	169 米
全宽	19.5 米
吃水	7 米
最高航速	31.5 节
满载排水量	11 700 吨
相关简介	

实战性能

"老虎"级巡洋舰的主要武器包括 2 座双联装 152 毫米舰炮、3 座双联装 76 毫米舰炮。改装为反潜巡洋舰后,后甲板扩大,主要装备 1 座双联装 152 毫米主炮、1 座 76 毫米高平炮、2 具双联装 533 毫米鱼雷发射管、1 座"海猫"近程防空导弹发射装置。此外还改装机库,搭载一架"海王"直升机。

趣味小知识

1915 年,"老虎"级巡洋舰参加了多格尔沙洲海战。1916 年参加日德兰海战,在此次海战中被德舰主炮 17 发大口径穿甲弹命中,Q、X 炮塔被击穿。战争结束后,1924 年开始改为训练舰。按照《伦敦海军条约》的规定,于 1932 年退役拆毁。

意大利"安德烈娅·多里亚"级巡洋舰

"安德烈娅·多里亚"(Andrea Doria)级巡洋舰是意大利于 20 世纪 50 年代建造的导弹巡洋舰。

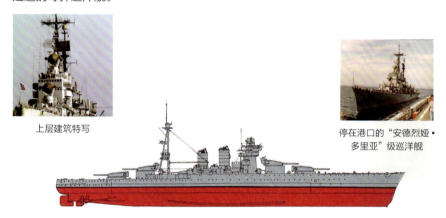

上层建筑特写

停在港口的"安德烈娅·多里亚"级巡洋舰

研发历史

"安德烈娅·多里亚"级巡洋舰共建造了 2 艘,首舰"安德烈娅·多里亚"号于 1958 年 5 月 11 日动工建造,1963 年 2 月 27 日下水,1964 年 2 月 23 日服役。二号舰"卡约·杜利奥"号于 1958 年 5 月 16 日动工,1962 年 12 月 22 日下水,1964 年 11 月 30 日服役。

基本参数	
全长	149.3 米
全宽	17.2 米
吃水	5 米
最高航速	30 节
满载排水量	6 500 吨
相关简介	

实战性能

"安德烈娅·多里亚"级巡洋舰的导弹系统主要为 2 座双联装"小猎犬"舰对空导弹发射装置,位于前部。舰炮为 8 座 76 毫米炮,另外还有 2 具三联装鱼雷发射管。该级舰用途很广,反潜作战由舰载直升机完成,防空任务由远程舰对空导弹系统和舰炮完成,也可作为大型舰队的指挥舰。后来设计建造出来的各种有垂直/短距起降飞机飞行甲板的舰只都是在该级舰的基础上发展起来的。

趣味小知识

"卡约·杜利奥"号巡洋舰在 1980 年进行改进后作为训练舰使用,舰尾移除了机库改为了教室。

Chapter 04

驱逐舰

现代驱逐舰装备有防空、反潜、对海等多种武器,既能在海军舰艇编队担任进攻性的突击任务,又能担任作战编队的防空、反潜护卫任务,还可在登陆、抗登陆作战中担任支援兵力,以及担任巡逻、警戒、侦察、海上封锁和海上救援等任务,有"海上多面手"称号。

美国"波特"级驱逐舰

"波特"(Porter)级是美国海军在20世纪30年代的舰队更新计划中所开发的新式驱逐舰。

侧方特写

上层建筑特写

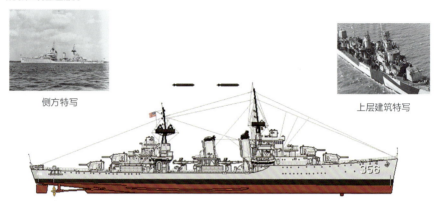

研发历史

随着日本在1928年推出"吹雪"级驱逐舰,法国在1930年退出伦敦海军会议之后宣布要建造大型驱逐舰,美国海军不得不做出回应,最终的产物就是"波特"级驱逐舰。该级舰参加了二战,战后持续服役到1950年。

基本参数	
全长	116米
全宽	11.02米
吃水	3.18米
最高航速	35节
满载排水量	2131吨
相关简介	

实战性能

"波特"级驱逐舰装有4座双联装127毫米高平两用炮(皆为封闭式的Mk22型,舰首、舰尾各2座),并搭配2座四联装28毫米防空机关炮、2具四联装533毫米鱼雷发射管和2条深水炸弹滑轨(备弹14枚)。而在进入二战之后,原来的28毫米机关炮被换装为3座四联装40毫米博福斯机关炮和2座三联装20毫米奥勒冈机关炮,对其防空火力有大幅度的加强。此外,"波特"级驱逐舰还是当时美国唯一载有备用鱼雷的驱逐舰。

趣味小知识

该级驱逐舰建成时有相当巨大的前桅和后桅,且皆是三脚桅,二战中后桅被拆除,前桅也改成单脚桅,故与建成时面目全非。

Chapter 04 驱逐舰

美国"弗莱彻"级驱逐舰

"弗莱彻"(Fletcher)级驱逐舰是二战后期美国海军的主力战舰。

舰首特写

127 毫米 Mk 30 舰炮特写

研发历史

最先开工的"尼古拉斯"号于 1941 年 3 月铺下龙骨，1942 年 2 月下水，1942 年 6 月竣工。"二战"结束后，幸存的"弗莱彻"级驱逐舰进行了改装，部分舰只重新定级为 DDE 和 DDR。20 世纪 70 年代，该级舰从美国海军退役，有一部分移交他国。

基本参数	
全长	114.8 米
全宽	12 米
吃水	3.8 米
最高航速	36.5 节
满载排水量	2 500 吨
相关简介	

实战性能

"弗莱彻"级驱逐舰首要的克敌利器是其主炮武器装备系统，由 5 门 127 毫米高平两用舰炮及其射控装置构成，担负打击水面舰艇和远距离空中目标的双重任务。该级舰的中近程防空武器为 3 座双联装 40 毫米博福斯机关炮和 7～10 座单管 20 毫米"厄利空"机关炮。40 毫米博福斯机关炮被公认为二战最优秀的小口径防空炮之一，美国于 1941 年 6 月获得博福斯公司授予的生产许可证。"弗莱彻"级驱逐舰的反舰武器为 1～2 具五联装 533 毫米鱼雷发射管。

> **趣味小知识**
>
> 美国惊人的生产力在"弗莱彻"级上得到了展现——从开工到下水平均只需 212 天，再到正式服役平均只需 152 天，总计 364 天，比前级快了 10%，庞大的数目为盟军的最终胜利做出了不小贡献。

美国"查尔斯·F.亚当斯"级驱逐舰

"查尔斯·F.亚当斯"（Charles F. Adams）级导弹驱逐舰是20世纪60年代到80年代美国海军的防空主力舰种之一。

防空导弹发射装置特写

反潜导弹发射器特写

研发历史

"查尔斯·F.亚当斯"级驱逐舰一共建造了23艘（DDG-2～DDG-24），首舰"查尔斯·F.亚当斯"号于1957年3月开始建造，1958年6月下水，1960年9月正式服役，1990年8月退役。最后一艘"沃德尔"号于1960年11月开始建造，1962年2月下水，1964年8月正式服役，1992年10月退役。

基本参数	
全长	133.2米
全宽	14.3米
吃水	7.3米
最高航速	33节
满载排水量	4 526吨
相关简介	

实战性能

"查尔斯·F.亚当斯"级驱逐舰的舰载武器包括：2座127毫米高平两用炮。1座MK10双臂旋转导弹发射器，发射"鞑靼人"或"标准"防空导弹，载弹40枚，可再装填。1座八联装MK112导弹发射器，发射"阿斯洛克"反潜导弹，载弹40枚，可再装填。6具三联装324毫米鱼雷发射管，发射MK32反潜鱼雷。

趣味小知识

美国海军的该级舰于20世纪90年代陆续除役。其中DDG-15、DDG-16、DDG-18、DDG-24卖给希腊重新服役（改称"基蒙"级驱逐舰，舷号分别改为DDG-221、DDG-220、DDG-218、DDG-219），至今还有2艘未退役。

美国"艾伦·M.萨姆纳"级驱逐舰

"艾伦·M.萨姆纳"（Allen M. Sumner）级驱逐舰是"弗莱彻"级驱逐舰的增大型，堪称美国在二战中建造得最好的驱逐舰。

舰尾特写

上层建筑特写

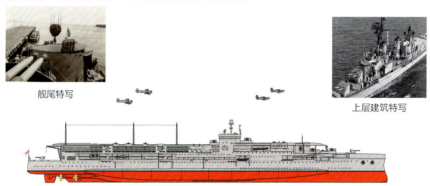

研发历史

"艾伦·M.萨姆纳"级驱逐舰原计划建造70艘，其中有12艘在建造过程中改为快速布雷舰，还有3艘是在二战后才完工的。在战争中，有4艘被摧毁。20世纪60年代初，有33艘进行了现代化改装，可搭载反潜直升机。1975年，该级舰从美国海军退役，其中一部分被转售给阿根廷、巴西和希腊等国。

基本参数	
全长	114.8米
全宽	12.5米
吃水	5.8米
最高航速	34节
满载排水量	3 515吨
相关简介	

实战性能

"艾伦·M.萨姆纳"级驱逐舰装有3座Mk32双联装127毫米高平两用炮、2具五联装533毫米鱼雷发射管（部分舰只减少为1具），防空武器为2座四联装40毫米博福斯机关炮、2座双联装40毫米博福斯机关炮、11座单管20毫米"厄利空"机关炮，反潜武器为2个深水炸弹投掷槽和4~6座刺猬弹发射器。

> **趣味小知识**
>
> "艾伦·M.萨姆纳"级驱逐舰各舰全部都是在二战期间建造，在大战中被击沉4艘，1艘损坏过重解体，其他的后来经过现代化以后，在美国海军服役到20世纪70年代。

美国"基林"级驱逐舰

"基林"(Gearing)级驱逐舰是美国海军于 20 世纪 40 年代中后期建造的驱逐舰。

上层建筑特写

"基林"级驱逐舰正在发射导弹

研发历史

"基林"级驱逐舰从 1945~1949 年共建成 99 艘,其中 80 艘赶在二战结束前完工,但已来不及在太平洋战场上一显身手。另外,还有 57 艘的建造计划被取消。二战结束后,有很大一部分"基林"级驱逐舰重新定级为 DDE、DDK、DDR 和 EDD 等,其中"基阿特"号改为 DDG,成为美国第一艘导弹驱逐舰。

基本参数	
全长	119 米
全宽	12.5 米
吃水	4.4 米
最高航速	32 节
满载排水量	3 460 吨
相关简介	

实战性能

"基林"级驱逐舰是"艾伦•M. 萨姆纳"级驱逐舰的翻版,但尺寸略大。该级舰最初装有 3 座 Mk32 双联装 127 毫米高平两用炮和 2 具五联装 533 毫米鱼雷发射管,防空武器为 2 座四联装 40 毫米博福斯机关炮、2 座双联装 40 毫米博福斯机关炮和 11 座单管 20 毫米"厄利空"机关炮。改装为导弹驱逐舰后的"基阿特"号的主要武器为 4~5 座双联装 127 毫米火炮,导弹发射装置安装在原先舰尾 127 毫米主炮的炮座位置上。

趣味小知识

20 世纪 60 年代,不少"基林"级经过 FRAM I/II 改装,直到 80 年代初才退役。另有很大一部分转入其他国家海军,目前仍活跃于海上。

Chapter 04 驱逐舰

美国"法拉格特"级驱逐舰

"法拉格特"(Farragut)级驱逐舰是美国海军于20世纪30年代建造的驱逐舰。

快速航行的"法拉格特"级驱逐舰

侧方特写

研发历史

20世纪30年代,美国海军决定建造新式驱逐舰以替换十年前建造的旧式驱逐舰。因此美国在参考英国于20世纪20年代中期建造的V级与W级驱逐舰,并考虑到当时《伦敦海军条约》的限制后,设计了"法拉格特"级驱逐舰。

基本参数	
全长	104.01米
全宽	10.44米
吃水	2.74米
最高航速	36.5节
满载排水量	1 700吨
相关简介	

实战性能

"法拉格特"级驱逐舰安装了5座单管127毫米主炮,其中舰首两座主炮安装在有装甲保护的炮塔里,其余的3座只有单面装甲保护。鱼雷攻击方面,"法拉格特"级驱逐舰装有口径为533毫米的四联装鱼雷发射管,共有2具。另外,还有4座深水炸弹发射器和2个深水炸弹投掷槽。该级舰还首次采用大型箱式舰岛,在驱逐舰发展史上具有重要意义。值得一提的是,"法拉格特"级驱逐舰服役时并没有防空机关炮和反潜武器,直到1938年才开始加装。

趣味小知识

"法拉格特"级8艘舰全部编入太平洋舰队,其中,"莫纳根"(DD-354 Monaghan)号在1941年12月7日珍珠港事件中击沉过日本小型潜艇。

美国"孔茨"级驱逐舰

"孔茨"(Coontz)级驱逐舰是美国海军于20世纪50年代末开始建造的大型导弹驱逐舰。

上层建筑特写

舰首特写

研发历史

20世纪50年代,美国海军决定为正在建造的"法拉格特"级驱逐舰(DL6～DL15)加装区域防空导弹系统,使之成为美国海军第一代大型导弹驱逐舰(DLG)。当时,计划总数为10艘的"法拉格特"级驱逐舰已建造到第四艘"孔茨"号(DL9),前3艘即将服役。于是,快要下水服役的"法拉格特"级驱逐舰前3艘也为此进行修改,使得进度延后。原本在建造序列中排名第四的"孔茨"号反倒后来居上,成为第一艘完工的新型导弹驱逐舰,所以该舰被美国海军改称为"孔茨"级,并于1957年开工建造,1958年下水,1960年服役。

基本参数

全长	156.2米
全宽	16米
吃水	5.4米
最高航速	32节
满载排水量	5 648吨

实战性能

"孔茨"级驱逐舰装有2座127毫米高平两用炮、2座双联装76毫米高射炮(后拆除,改为2座"鱼叉"四联装反舰导弹发射器)、1座双联装"标准"防空导弹发射器、1座"阿斯洛克"反潜火箭发射器、6具反潜鱼雷发射管。

趣味小知识

20世纪50年代世界正式迈入东西方两大阵营的冷战年代,海军军备竞赛也随之拉开帷幕,由于美国在航空母舰的发展方面捷足先登,苏联起步太晚,要循同一模式建立海军的话,只能跟在美国后面亦步亦趋,根本没指望与美国抗衡。

Chapter 04 驱逐舰

美国"米切尔"级驱逐舰

"米切尔"(Mitscher)级是美国海军于20世纪50年代研制的以反潜为主要任务的驱逐舰。

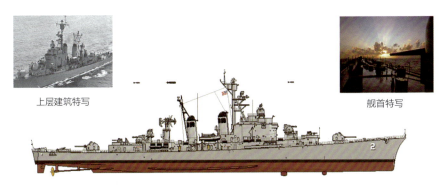

上层建筑特写　　　　　　　　　　　　　　　　　　　　舰首特写

研发历史

"米切尔"级驱逐舰是二战后不久,美国海军建造的四艘实验级驱逐舰。最初以普通驱逐舰立项(DD-927至DD-930),建造过程中被重新分类为驱逐领舰(DL-2至DL-6)。1953—1954年服役,其中2艘服役至1969年,20世纪70年代报废。另外2艘在1975年美国海军舰艇分类改革调整为导弹驱逐舰(DDG),1978年退役,1980年报废。

基本参数	
全长	150米
全宽	14.5米
吃水	4.5米
最高航速	36.5节
满载排水量	4 855吨
相关简介	

实战性能

"米切尔"级驱逐舰装有2座127毫米MK42单装炮和2座76毫米MK26双联装火炮,防空武器为4座20毫米双联装机关炮,反舰武器为2具533毫米五联装鱼雷发射管,反潜武器为2座Mk 108反潜火箭发射器和1个深水炸弹投掷槽。

趣味小知识

"米切尔"级驱逐舰比二战期间建造的"弗莱彻"级、"基林"级等驱逐舰都大,所以在建造过程中被升格为"领导驱逐舰"(改编号为DL-2～DL-5)。不过在米切尔级驱逐舰服役之前,美国海军又取消了"领导驱逐舰"这个名词,改用已经停用很久的舰种名——护卫舰,但仍然保留DL前缀。

美国"福雷斯特·谢尔曼"级驱逐舰

"福雷斯特·谢尔曼"(Forrest Sherman)级驱逐舰是美国在二战后设计的第一代驱逐舰。

雷达特写

上层建筑特写

研发历史

"福雷斯特·谢尔曼"级驱逐舰一共建造了18艘。随着形势的需要,该级舰中的4艘于20世纪60年代后期被改装成导弹驱逐舰,称为"德凯特"级。另有6艘在20世纪70年代初被改装成反潜驱逐舰。

基本参数	
全长	127米
全宽	14米
吃水	6.7米
最高航速	32.5节
满载排水量	4 050吨
相关简介	

实战性能

"福雷斯特·谢尔曼"级驱逐舰的主要武器为3座Mk42单管127毫米舰炮,防空武器为2座Mk34双联装76毫米防空炮和4挺机枪,反潜武器为2座Mk15刺猬弹发射器,反舰武器为4具Mk25固定式鱼雷发射管。改装为反潜驱逐舰的6艘拆除了二号主炮,改为1座八联装Mk16"阿斯洛克"反潜导弹发射架。拆除原Mk15刺猬弹发射器,改为2座三联装Mk32 324毫米反潜鱼雷发射器。另外,还拆除了76毫米防空炮。改装后可供直升机起降,但无机库。

趣味小知识

20世纪80年代后,该级舰的主机存在严重的维修问题,于是美国海军当局在1983年一下子就淘汰了17艘。现有3艘"福雷斯特·谢尔曼"级驱逐舰作为纪念舰保存下来,其余舰均已解体或等待解体。

Chapter 04 驱 逐 舰

美国"本森"级驱逐舰

"本森"（Benson）级驱逐舰是美国海军在二战的主力驱逐舰之一。

上层建筑特写

侧方特写

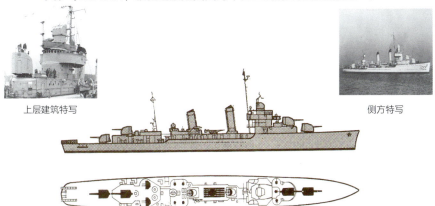

基本参数	
全长	106.12 米
全宽	11 米
吃水	3.58 米
最高航速	37.5 节
满载排水量	2 515 吨
相关简介	

研发历史

首舰"本森"号（DD421）于 1938 年 5 月铺设龙骨，1939 年 11 月下水，1940 年 7 月正式服役。1940 年，"本森"级驱逐舰已经建成了 6 艘。在二战中，该级舰共有 4 艘不幸被击毁。

实战性能

"本森"级驱逐舰装有 5 座单管 127 毫米 MK12 高平两用炮（A、B、Y 主炮有护盾，Q、X 主炮没有护盾，二战中 Q 主炮被拆除，其余主炮皆改为炮塔炮），防空武器为 2 座双联 40 毫米博福斯机关炮和 7 座单管 20 毫米"厄利空"机关炮，反舰武器为 2 具五联装 533 毫米鱼雷发射管（二战中因增加防空武器，故拆除 1 具鱼雷发射管，剩 1 具），反潜武器为 12 枚深水炸弹。

趣味小知识

"本森"级的名称来源于一战美国海军最高领导人威廉·本森。该级驱逐作为美军战争初期的主力，活跃于各种场合，本森自己也参与了大量的护卫任务，在幕后为前线做出了巨大贡献。

美国"斯普鲁恩斯"级驱逐舰

"斯普鲁恩斯"（Spruance）级驱逐舰是美国海军于20世纪70年代建造的大型导弹驱逐舰。

打捞坠毁的CH-64D"海骑士"直升机

"舰炮特写"

基本参数	
全长	171.6米
全宽	16.76米
吃水	5.79
最高航速	33节
满载排水量	8 040吨
相关简介	

研发历史

"斯普鲁恩斯"级驱逐舰的初步设想是美国海军在1966年末向美国国会正式提出的，当时称为DX计划。该级舰于1972年开始建造，至1983年3月全部进入现役。以1980财政年度的标准计算，"斯普鲁恩斯"级的造价为每艘3.9亿美元。

实战性能

"斯普鲁恩斯"级驱逐舰的主要舰载武器包括：2座MK45-0型127毫米舰炮、2座六管MK15型20毫米"密集阵"近程武器系统、1座四联装RAM舰空导弹发射装置、2具三联装MK32鱼雷发射管发射MK46-5型或MK50型鱼雷。2座"鱼叉"反舰导弹发射装置，备弹8枚。

该级舰还可发射"战斧"巡航导弹、"海麻雀"导弹和"阿斯洛克"反潜导弹等，发射装置有多种形式，包括MK41垂直发射系统、四联装MK44装甲箱式发射装置、八联装MK16发射装置和八联装MK29"海麻雀"导弹发射装置等。此外，还装备了4挺12.7毫米机关枪。

美国"基德"级驱逐舰

"基德"(Kidd)级驱逐舰是美国海军在 1981~1997 年使用的导弹驱逐舰。

雷达设备特写

上方视角特写

研发历史

"基德"级驱逐舰原本是伊朗于 20 世纪 70 年代向美国订购的驱逐舰,根据伊朗方面的需求,由"斯普鲁恩斯"级的舰体演进而来。根据 1974 年签订的合约,共建造 4 艘,由美国英格尔斯造船厂建造,首舰"基德"号(DDG-993)于 1978 年 6 月开工。就在 1979 年这 4 艘驱逐舰完工之际,伊朗因政局变化拒绝接收这 4 艘驱逐舰。美国海军在伊朗取消合约后于 1981-1982 年装备了该级舰。

基本参数	
全长	171.6 米
全宽	16.8 米
吃水	9.6
最高航速	33 节
满载排水量	9 783 吨
相关简介	

实战性能

"基德"级驱逐舰的舰载武器包括:2 座 MK45 单管 127 毫米舰炮;2 座 MK15"密集阵"近程防空系统;2 座四管 AGM-84"鱼叉"反舰导弹发射器;2 座双联装 MK26 双臂导弹发射器,可发射"标准 2""小猎犬"防空导弹和"阿斯洛克"反潜导弹;2 具三联装鱼雷发射管,可发射 MK32 鱼雷。此外,还可搭载 2 架"海鹰"直升机。

趣味小知识

"基德"级舰原本是为售给友好时期的伊朗海军所建造的,有时候也被称作"阿亚图拉"级,它在美国海军的战舰中非常独特。

美国"阿利·伯克"级驱逐舰

"阿利·伯克"（Arleigh Burke）级导弹驱逐舰是世界上第一种装备"宙斯盾"系统并全面采用隐形设计的驱逐舰。

舰载直升机正在作业

发射"战斧"导弹

研发历史

"阿利·伯克"级驱逐舰的研制始于20世纪80年代中期。首舰"阿利·伯克"号于1988年12月开工，1991年7月正式服役。该级舰是一个兴旺的大家族，不仅建造数量大（65艘），而且型号众多。

实战性能

"阿利·伯克"级驱逐舰的舰载武器、电子装备高度智能化，具有对陆、对海、对空和反潜的全面作战能力，综合战斗力在世界现役驱逐舰中名列前茅。该级舰的主要舰载武器包括：2座MK-41导弹垂直发射系统，视作战任务决定"战斧""标准Ⅱ""海麻雀"和"阿斯洛克"的装弹量；1门127毫米全自动炮；2座四联装"捕鲸叉"反舰导弹发射装置；2座六管"密集阵"系统；2具MK-32-3型324毫米鱼雷发射管，发射MK-46或MK-50型反潜鱼雷。此外，该级舰的后期型号还可搭载2架SH-60B/F直升机。

基本参数	
全长	156.5米
全宽	20.4米
吃水	6.1米
最高航速	30节
满载排水量	9 217吨
相关简介	

Chapter 04 驱 逐 舰

美国"朱姆沃尔特"级驱逐舰

"朱姆沃尔特"(Zumwalt)级驱逐舰是实验中的美国海军驱逐舰,代号为DDX或DDG-1000。

建造中的"朱姆沃尔特"级驱逐舰

先进舰炮系统特写

基本参数	
全长	183米
全宽	24.1米
吃水	8.4米
最高航速	30.3节
满载排水量	14 564吨
相关简介	

研发历史

冷战结束后,苏联的解体、俄罗斯海军的衰落使美国失去了昔日角逐大洋的对手,面对后冷战时代日益增多的地区性冲突,在新的战略计划的指导下,对陆攻击的战斗任务越来越重要,美国海军因此提出了建造新型舰艇的构想,从武库舰到DD-21驱逐舰,新型驱逐舰的研发建造一变再变,最终固定在DDX驱逐舰上。

DDX是一种革命性的驱逐舰,它由100多家研究机构和公司联合进行研发。按照目前的设计方案,每艘DDX都将是一个通用型的武器平台:通过安装不同的作战模块,DDX可转换为各种专用型战舰,如扫雷舰、防空驱逐舰、火力支援舰,甚至还可被作为反导弹防御系统的一部分。

实战性能

DDX的舰载武器主要包括2座先进火炮系统(Advanced Gun System,AGS)、20座Mk57垂直发射系统和2座57毫米Mk 110方阵快炮。AGS是一款155毫米火炮,射速为10发/分。MK57垂直发射系统设置于舰体周边,一共可装80枚导弹,包括"海麻雀"导弹、"战斧"巡航导弹、"标准2"导弹和反潜火箭等。

DDX拥有2个直升机库,可配备2架改良型的LAMP-3 SH-60R反潜直升机,或者由1架MH-60R特战直升机搭配3架RQ-8A型垂直起降战术空中载具(UTUAV)的组合。

俄罗斯"卡辛"级驱逐舰

"卡辛"(Kashin)级驱逐舰是俄罗斯海军第一种专门设计的装备防空导弹的驱逐舰,也是世界上第一种使用全燃气轮机动力的驱逐舰。

舰首特写　　　　　　　　　　　　　　上层建筑特写

研发历史

"卡辛"级驱逐舰是苏联于20世纪60年代初开始建造的驱逐舰,首舰于1960年12月下水,1962年12月正式服役。该级舰在苏联解体后大量退役,目前仅剩黑海舰队还有最后1艘尚在服役。印度海军于20世纪80年代引进了5艘"卡辛"级驱逐舰,以"卡辛Ⅱ"型驱逐舰为母型加以改进并重新命名为"拉吉普特"级驱逐舰。

基本参数

基本参数	
全长	144米
全宽	14.6米
吃水	7米
最高航速	35节
满载排水量	4 390吨
相关简介	(QR)

实战性能

"卡辛"级的舰载武器包括:2座双联装76.2毫米炮,射速90发/分,射程15千米;4座六管30毫米炮,射程2千米,射速3 000发/分;4座SS-N-2C"冥河"舰对舰导弹发射装置,射程83千米;2座双联装SAN-1"果阿"舰对空导弹发射装置,射程31.5千米,共载有32枚导弹;1具五联装533毫米两用鱼雷发射管;2座RBU-6000型12管回转式反潜深弹发射装置,射程6 000米,共载有120枚火箭。

趣味小知识

"卡辛"级是世界上第一种以燃气轮机为主动力的大型军舰,开启了军用舰船的动力革命。

Chapter 04 驱逐舰

俄罗斯"科特林"级驱逐舰

"科特林"（Kotlin）级驱逐舰是苏联海军建造数量最多的传统驱逐舰。

舰首特写

上方视角

研发历史

"科特林"级驱逐舰的首舰于 1953 年 3 月开工，1953 年 11 月下水，1956 年 6 月开始服役。随着新研制舰载武器的不断成熟以及执行任务的多样化需要，"科特林"级驱逐舰的大部分舰只进行了现代化改装和改建。在建成的 27 艘同级舰中，包括 6 艘基型、12 艘反潜型、1 艘试验防空型和 8 艘防空型。

基本参数	
全长	126.1 米
全宽	12.7 米
吃水	4.2 米
最高航速	38 节
满载排水量	3230 吨
相关简介	

实战性能

"科特林"级基型舰的舰载武器以火炮和鱼雷为主。在舰首和舰尾各装备 1 座 SM-2-1 型双联装 130 毫米两用舰炮。舰上的副炮为 4 座 SM-20-ZIF 型四联装 45 毫米防空速射炮。2 座烟囱后的主甲板上各布置有 1 具并排式 PTA-53-56 五联装 533 毫米鱼雷发射管。反潜方面，舰尾两侧各安放 3 座 BMB-2 深水炸弹投掷器。

趣味小知识

"科特林"级驱逐舰是以地方来命名，由北约以芬兰湾的科特林岛命名此型舰。

俄罗斯"克鲁普尼"级驱逐舰

"克鲁普尼"（Krupny）级驱逐舰是苏联海军设计的反舰导弹驱逐舰。

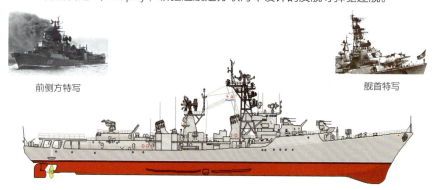

前侧方特写　　　　　　　　　　　　　　　　　　　舰首特写

研发历史

"克鲁普尼"级驱逐舰在20世纪60年代是苏联一支活跃的战斗值勤力量。20世纪60年代末，随着该级舰的舰载反舰导弹的落后，苏军对全部"克鲁普尼"级驱逐舰进行了改装，成为苏联海军历史上第一种在服役期内进行大规模改装的军舰。

基本参数	
全长	126.1米
全宽	12.7米
吃水	4.2米
最高航速	34.5节
满载排水量	4 500吨
相关简介	

实战性能

"克鲁普尼"级驱逐舰是苏联海军较早有防核生化设计的舰艇之一，在机舱控制室、火控台等处都设置了密闭室。改装后的"克鲁普尼"级驱逐舰装有2座四联装57毫米高平两用炮、4座双联装30毫米AK-230机关炮、1座双联装SA-N-1防空导弹发射器（带弹32枚）。另外，还有3座RBU-6000反潜火箭深弹发射器和2具五联装533毫米鱼雷发射管。

趣味小知识

"克鲁普尼"级驱逐舰由于改动太大，苏联代号相应地变为57-A型，而北约误认为是一款新式军舰，重新命名为"卡宁"级。

俄罗斯"现代"级驱逐舰

"现代"(Sovremenny)级驱逐舰是苏联建造的大型导弹驱逐舰,主要担任反舰任务。

舰首特写

舰尾的直升机起降平台。

研发历史

"现代"级驱逐舰是一种侧重于反舰和防空的驱逐舰,在概念上是搭配同时期建造的"无畏"级反潜驱逐舰使用。该级舰舍弃了主流的燃气轮机而采用老式的蒸汽轮机。"现代"级驱逐舰的首舰"现代"号于 1985 年服役,1998 年除籍,2003 年解体。截至 2013 年,仍有 5 艘在俄罗斯海军服役。

基本参数	
全长	156.4 米
全宽	17.2 米
吃水	7.8 米
最高航速	32.7 节
满载排水量	8 480 吨
相关简介	

实战性能

"现代"级驱逐舰的武器装备包括 1 架卡 -27 反潜直升机、2 座 130 毫米舰炮、2 座四联装 KT-190 反舰导弹发射装置、4 座 AK-630M 30 毫米近防炮系统、2 座 3K90M-22 防空导弹发射装置、2 具双联装 533 毫米鱼雷发射管、2 座 RBU-12000 反潜火箭发射装置、8 座十联装 PK-10 诱饵发射器和 2 座双联装 PK-2 诱饵发射器。

趣味小知识

西方观察家因多艘"现代"级后来退役或无限期大修,以及关于"现代"级蒸汽锅炉有着大量缺点的报道,因而评论该级舰在使用上"设计有缺陷"和"可靠性低",认为它是失败作品,同时认为当局计划一口气建造 28 艘亦缺乏周详考虑。

俄罗斯"无畏"级驱逐舰

"无畏"(Udaloy)级(1155型)驱逐舰是俄罗斯海军现役的主力驱逐舰之一。

RBU-6000反潜火箭发射装置

"十字剑"火控雷达

基本参数	
全长	163.5米
全宽	19.3米
吃水	7.79米
最高航速	30节
满载排水量	7 570吨
相关简介	

研发历史

"无畏"级驱逐舰是苏联在20世纪70年代的一种特殊海军思维的产物,由于当时的苏联海军在水面舰只方面比较落后,于是提出了所谓的"1+1>2"的理论,即由"无畏"级驱逐舰负责反潜和防空,"现代"级驱逐舰负责反舰。

实战性能

"无畏"级驱逐舰全舰结构趋于紧凑,布局简明,主要的防空、反潜装备集中于舰体前部,中部为电子设备,后部为直升机平台,整体感很强。它汲取了西方国家的设计思想,改变了以往缺乏整体思路、临时堆砌设备的做法,使舰体外形显得整洁利索。

"无畏"级驱逐舰的主要作战任务为反潜,安装有2座四联装SS-N-14反潜导弹发射装置、2具四联装533毫米鱼雷发射管、2座12联装RBU-6000反潜火箭发射装置。此外,还可搭载2架卡-27反潜直升机。"无畏"级驱逐舰还具备一定的防空能力,但没有反舰能力。

Chapter 04 驱 逐 舰

俄罗斯"无畏Ⅱ"级驱逐舰

"无畏Ⅱ"（Udaloy Ⅱ）级（1155.1 型）驱逐舰是苏联解体前建造的最后一级驱逐舰，目前是俄罗斯海军唯一的多用途驱逐舰。

舰载直升机准备降落

电子设备特写

研发历史

1989 年 2 月，2 艘"无畏Ⅱ"级驱逐舰同时开工建造。该级舰原计划首批建造 3 艘，但不久之后苏联突然解体，接手的俄罗斯经济状况不佳，不得不拆解二号舰，第 3 艘及后续舰的建造计划也被迫取消。

基本参数	
全长	163.5 米
全宽	19.3 米
吃水	7.5 米
最高航速	30 节
满载排水量	8 900 吨
相关简介	

实战性能

"无畏Ⅱ"级驱逐舰能遂行防空、反舰、反潜和护航等任务，其舰载武器包括：1 座双联装 AK-130 全自动高平两用炮；8 座八联装 SA-N-9"刀刃"导弹垂直发射系统；2 座"卡什坦"近程武器系统；2 座 SSN-22"日炙"四联装反舰导弹发射装置，配备 3M82 型反舰导弹；2 具四联装多用途鱼雷发射管，发射 SS-N-15"星鱼"反潜导弹；10 座 RBU-12000 反潜火箭发射装置。此外，该级舰还能搭载 2 架卡-27A 反潜直升机。

趣味小知识

俄罗斯军方称"无畏Ⅱ"级驱逐舰在任何方面都不逊于美国的"阿利·伯克"级驱逐舰；"无畏Ⅱ"级驱逐舰的反潜实力非常突出，有"世界反潜之王"的美誉。

英国"部族"级驱逐舰

"部族"(Tribal)级驱逐舰是二战中英国海军最著名的一级驱逐舰。

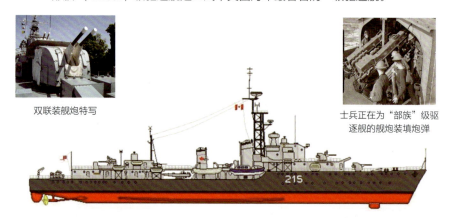

双联装舰炮特写

士兵正在为"部族"级驱逐舰的舰炮装填炮弹

研发历史

英国的 16 艘"部族"级驱逐舰在 1938 年 5 月至 1939 年 3 月建成。1942-1945 年澳大利亚建成了 3 艘"部族"级驱逐舰,建造前根据实战经验而改进了设计。加拿大也订购了 8 艘改进型"部族"级驱逐舰。该级舰常年奋战在一线战场,"二战"结束时英国只剩下 4 艘。

基本参数

全长	115 米
全宽	11.1 米
吃水	2.7 米
最高航速	36 节
满载排水量	2 520 吨
相关简介	

实战性能

"部族"级驱逐舰的 4 座双联装舰炮分别安装在 A、B、X、Y 炮位,火炮为 QF Mk XII 型 45 倍口径 102 毫米炮。防空武器是 1 座四联装 40 毫米高射炮,安置在 X 炮位甲板的前端,射速为 400 发/分,备弹 14 400 发。另外,2 挺四联装 12.7 毫米高射机枪装设在舰体中部,位于两个烟囱之间,备弹 10 000 发。1 具四联装 533 毫米鱼雷发射管则装在后烟囱后面。舰尾有一条较短的深水炸弹投放轨,能够容纳 3 枚深水炸弹。在 X 炮位甲板有 2 座深水炸弹抛射器,分别布置在后桅两侧,全舰共计能够装载 30 枚深水炸弹。

趣味小知识

虽然"部族"级比以前建造的舰队驱逐舰更大,武备更强,但在实际使用时和普通驱逐舰没什么差别。

英国"战斗"级驱逐舰

"战斗"(Battle)级驱逐舰开辟了防空型驱逐舰发展的先河,在现代海军装备发展史上有着独特的地位和意义。

上层建筑特写

舰首特写

研发历史

1941年,英国首相丘吉尔提出发展一种防空型驱逐舰,以便担负舰队防空作战任务。1942年,该提议最后定案,这种新型舰艇被称为"战斗"级。首舰"巴夫勒尔"号于1944年9月14日正式加入英国海军服役。

基本参数	
全长	115.52米
全宽	10.2米
吃水	3.86米
最高航速	30.5节
满载排水量	3 530吨
相关简介	

实战性能

"战斗"级驱逐舰的武器装备自然以防空火炮为主,主要包括:4座MK Ⅲ型114毫米速射炮,备弹300发;1座MK ⅩⅨ型100毫米高平两用火炮,备弹160发;8座博福斯40毫米火炮,备弹1 440枚;6座"厄利空"20毫米火炮,备弹2 440发;1座维克斯303型火炮,备弹5 000枚。除火炮之外,"战斗"级驱逐舰还装备2具四联装手工操纵鱼雷发射管,可发射8枚MK Ⅸ鱼雷;4个深水炸弹投掷器和2条滑轨,可携带60枚深水炸弹。

趣味小知识

"战斗"级驱逐舰是二战期间英国海军建造的体积最大、性能最好的驱逐舰,其宽大的舰体、奢华的装备无疑让二战中其他"战时应急驱逐舰"可望而不可即。

英国"郡"级驱逐舰

"郡"(County)级驱逐舰是英国皇家海军在二战后设计的第一种新驱逐舰。

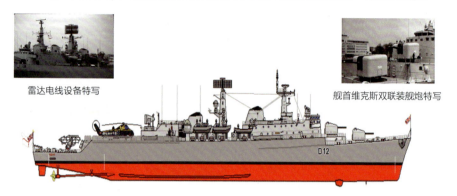

雷达电线设备特写

舰首维克斯双联装舰炮特写

研发历史

1956年1月,英国海军订购2艘"郡"级驱逐舰,1957年2月又订购2艘,这4艘称为第一批"郡"级驱逐舰。在首舰于1959开工之前,"郡"级驱逐舰的设计仍然继续演变。1961年9月底,英国海军再订购2艘"郡"级驱逐舰,1965年1月又订购2艘,这4艘又称为第二批"郡"级驱逐舰。

基本参数	
全长	157.96米
全宽	16.4米
吃水	6.4米
最高航速	31.5节
满载排水量	6800吨
相关简介	

实战性能

"郡"级驱逐舰是英国第一种配备导弹、第一种拥有区域防空能力、第一种可以起降直升机的驱逐舰。第一批"郡"级驱逐舰装有2座维克斯MK-6双联装114毫米舰炮,舰体后段直升机库两侧各装有1座四联装"海猫"短程防空导弹发射器。"海参"导弹发射系统设置在舰尾,容量为24枚。第二批"郡"级驱逐舰加装了2门欧瑞康20毫米防空机关炮、2具三联装324毫米鱼雷发射管、4座法制"飞鱼"反舰导弹发射器。

趣味小知识

1982年马尔维纳斯群岛战争中,第二批"郡"级的"格拉摩根"号(HMS Glamorgan D-19)遭到阿根廷岸防"飞鱼"反舰导弹击中,"海猫"导弹发射器被击毁。在随后修复过程中,该舰的"海猫"导弹系统遭到移除。

英国"果敢"级驱逐舰

"果敢"(Daring)级驱逐舰是英国二战后为英国皇家海军以及澳大利亚皇家海军设计建造的大型驱逐舰。

舰体前部的114毫米舰炮

舰首特写

研发历史

英国原计划建造16艘"果敢"级驱逐舰,但后续取消掉8艘,只有8艘服役。后来 I26/D126 以及 I56/D106 于1969年被出售给秘鲁海军,I26/D126 在秘鲁海军服役到1993年,而 I56/D106 则服役到2007年。澳大利亚海军计划建造4艘,最终建成并服役3艘。

基本参数	
全长	120米
全宽	13米
吃水	3.89米
最高航速	30节
满载排水量	3 820吨
相关简介	

实战性能

"果敢"级驱逐舰是英国和澳大利亚皇家海军最后一种以舰炮为主要武器的驱逐舰,其主要武器为6座114毫米舰炮、6座40毫米高射炮、2座章鱼弹发射炮、1座深水炸弹投射架和2具五联装533毫米鱼雷发射管。

趣味小知识

"果敢"级是英国和澳大利亚皇家海军最后一级以舰炮为主要武器的驱逐舰,是当时皇家海军最大的驱逐舰。

英国"谢菲尔德"级驱逐舰

"谢菲尔德"（Sheffield）级驱逐舰也称为42型，是英国于20世纪70年代建造的一种导弹驱逐舰。

雷达天线特写

113毫米MK8舰炮

研发历史

"谢菲尔德"级驱逐舰的出现是为了填补被取消的更大型的"布里斯托尔"级驱逐舰（82型）。该级舰一共建造了16艘，其中2艘出售给阿根廷，14艘装备于英国皇家海军。首舰"谢菲尔德"号于1970年5月开始建造，1972年6月下水，1975年2月服役。到1985年，14艘"谢菲尔德"级驱逐舰均已进入英国皇家海军服役，母港均为朴次茅斯。

基本参数	
全长	141.1米
全宽	14.9米
吃水	5.8米
最高航速	30节
满载排水量	5 350吨
相关简介	

实战性能

"谢菲尔德"级驱逐舰的武器装备包括2座四联装"鱼叉"反舰导弹发射器、2座三联装STWS-1 324毫米AS鱼雷发射架、1座双联装GWS30"海标枪"防空导弹发射装置、2座20毫米GAM-B01炮、2座20毫米MK7A炮等。该级舰的舰尾还设有飞行甲板，可携带1架韦斯特兰公司的"大山猫"直升机。

趣味小知识

"谢菲尔德"号驱逐舰被称为"英国舰队的骄傲"，它是大英皇家海军首批实现了动力和武器系统集中控制的先进战舰。

英国"勇敢"级驱逐舰

"勇敢"(Daring)级驱逐舰又称为 45 型驱逐舰,是英国海军现役主力导弹驱逐舰。

上层建筑特写

"桑普森"多重目标追踪雷达特写

基本参数

全长	152.4 米
全宽	21.2 米
吃水	5 米
最高航速	27 节
满载排水量	7 350 吨
相关简介	

研发历史

20 世纪 90 年代初,英国、法国和意大利合作的未来护卫舰"水平线"(CNGF)计划失败后,英国决定自行发展新一代驱逐舰,其成果就是"勇敢"级驱逐舰。首舰"勇敢"号于 2003 年 3 月开始建造,2006 年 2 月下水,2009 年 7 月服役。

实战性能

"勇敢"级驱逐舰具有全方位作战能力,是英国海军中的全能武士。反舰方面,该舰装有 2 座四联装"鱼叉"反舰导弹发射器。反潜方面主要依靠"山猫"直升机(1 架)、"阿斯洛克"反潜导弹和 324 毫米鱼雷。对陆攻击方面,可凭借美制 Mk41 垂直发射系统发射"战斧"导弹。此外,该级舰装备的 114 毫米舰炮也可提供一定的对陆攻击能力和反舰能力。防空作战方面,主要依靠"紫菀"防空导弹。此外,该级舰还安装有 2 座奥勒冈 30 毫米 KCB 速射炮和 2 座 20 毫米近程防御武器系统。

> **趣味小知识**
>
> "勇敢"级驱逐舰以首舰"勇敢"号命名,是英国最新型的驱逐舰,该型舰闻名全球,是因为采用了全新的全电推进技术,此举乃世界海军首创。

法国"乔治·莱格"级驱逐舰

"乔治·莱格"(Georges Leygues)级驱逐舰是法国海军建造的反潜驱逐舰,又称为F70型驱逐舰。

雷达天线特写

前侧方特写

研发历史

1971年,"乔治·莱格"级驱逐舰的草图完成,1972年进入设计阶段。1974年9月,首舰"乔治·莱格"号开工,1978年11月下水,1979年12月服役。该级舰共建造了7艘,目前全部在役。

基本参数	
全长	139米
全宽	14米
吃水	5.5米
最高航速	30节
满载排水量	4 350吨
相关简介	

实战性能

"乔治·莱格"级驱逐舰仅具备点防空能力,由1座八联装"响尾蛇"舰空导弹发射装置承担。后3艘舰对该系统进行了改进,使其具有反导能力,并加装了1座双联"西北风"近程防空导弹系统,主要用于对付低空飞机。

反舰武器为4座单装MM 38"飞鱼"反舰导弹发射装置,后5艘改为2座四联装MM 40型。另有1座100毫米全自动炮和2座"厄利空"单管20毫米手动操作炮,既可对舰也可对空。舰载直升机也可携带2枚AS-12"海鸥"轻型反舰导弹。远程反潜任务主要由2架舰载"山猫"直升机承担,近程反潜由2具可单管发射I5-4型鱼雷的鱼雷发射管完成。

Chapter 04 驱逐舰

法国"卡萨尔"级驱逐舰

"卡萨尔"（Cassard）级驱逐舰是法国在"乔治·莱格"级驱逐舰基础上改进而来的防空型驱逐舰。

上层建筑特写

基本参数	
全长	139 米
全宽	14 米
吃水	6.5 米
最高航速	29.5 节
满载排水量	4 700 吨
相关简介	

舰首特写

研发历史

1975 年，法国舰艇技术建造局（DTCN）开始在"乔治·莱格"级反潜型驱逐舰的基础上研究防空型的设计，改进重点在于动力装置和直升机库。1977 年，法国海军批准了设计方案，1978 年订购了首舰"卡萨尔"号（D614），1979 年订购了二号舰"让·巴特"号（D615）。

实战性能

"卡萨尔"级驱逐舰装有 1 座单管 68 型 100 毫米舰炮、2 座"厄利空"MK10 型 20 毫米舰炮、2 挺 12.7 毫米机枪、1 座 MK13-Mod5 型单臂发射架（备"标准"舰空导弹 40 枚）、2 座六联装发射装置（备"西北风"点防御导弹 12 枚）、2 座四管发射装置（备 8 枚"飞鱼"反舰导弹）、2 座 KD59E 固定型鱼雷发射装置（备 10 枚反潜鱼雷）、2 座"达盖"干扰火箭和 2 座 10 管"萨盖"远程干扰火箭。该级舰还可搭载 1 架"黑豹"直升机。

> **趣味小知识**
>
> "卡萨尔"级驱逐舰虽然身负保卫法国航空母舰的重责大任，但以美国海军的标准衡量，其防空能力却与"佩里"级护卫舰相似。

法国/意大利"地平线"级驱逐舰

"地平线"(Horizon)级驱逐舰是法国和意大利联合设计并制造的新型防空驱逐舰。

控制中心特写

直升机机库特写

基本参数	
全长	151.6米
全宽	20.3米
吃水	4.8米
最高航速	29节
满载排水量	7 050吨
相关简介	

研发历史

1991年,英、法两国提出"未来护卫舰"计划(AAAF),1993年意大利加入该计划。1999年4月,英国因设计理念不合退出该计划。但法国、意大利在该项目上有较多的共同点,因此并没有放弃该项目,最终成果便是"地平线"级驱逐舰。

实战性能

"地平线"级驱逐舰有着浓郁的法国特色,舰上采用的海军战术情报处理系统、近程防御系统等是法国自主研制。该级舰汇集多种功能于一身,除为航母提供有效的防空火力支援外,还具有较强的反潜、反舰及对岸作战能力。基本型的法国"地平线"级驱逐舰的满载排水量为7 050吨、意大利版为6 700吨。舰长均为151.6米。法国版的舰宽为20.3米、意大利版为17.5米。法国版的吃水深度为4.8米、意大利版的为5.1米。

趣味小知识

法国海军内部并无"驱逐舰"的舰艇分类,所有水面作战舰艇均称为"护卫舰"。

日本"初雪"级驱逐舰

"初雪"(Hatsuyuki)级驱逐舰是日本于20世纪80年代建造的多用途驱逐舰。

上层建筑特写

舰首特写

研发历史

"初雪"级驱逐舰是以反潜为主的驱逐舰,一共建造12艘(DD122~DD133)。该级舰建造于20世纪80年代初期,现已逐渐被"村雨"级和"朝雾"级驱逐舰替代。根据现在的标准,"初雪"级驱逐舰其实更适合归类为一型护卫舰。

基本参数	
全长	130米
全宽	13.6米
吃水	4.2米
最高航速	30节
满载排水量	3 800吨
相关简介	

实战性能

"初雪"级驱逐舰的舰载武器包括:1座八联装"阿斯洛克"反潜导弹发射装置、1座八联装Mk29型"海麻雀"导弹发射装置、2具四联装"鱼叉"反舰导弹发射管、1座单管76毫米"奥托"主炮、2座6管20毫米"密集阵"近防炮、2具三联装68型反潜鱼雷发射管、SH-60J反潜直升机1架。

趣味小知识

2010年后,"初雪"级的舰龄陆续届满30年,但此时日本并没有发展替代的舰艇。

日本"朝雾"级驱逐舰

"朝雾"(Asagiri)级驱逐舰是日本在20世纪80年代中期开始建造的反潜型驱逐舰。

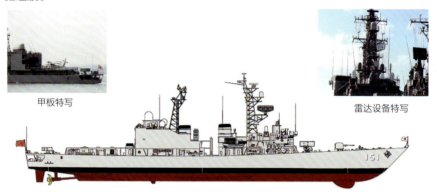

甲板特写

雷达设备特写

研发历史

20世纪80年代,由于"初雪"级驱逐舰排水量过低,舰内空间狭小,难以有效合理地配置各种装备,即使在战斗中遭到一般性的打击也很难抵御。因此,日本海上自卫队在1984年开始设计新型"朝雾"级驱逐舰。

基本参数	
全长	137米
全宽	14.6米
吃水	4.5米
最高航速	30节
满载排水量	4 900吨
相关简介	

实战性能

"朝雾"级驱逐舰的舰载武器主要有2座四联装"鱼叉"反舰导弹发射装置,布置在舰中部2个烟囱之间,呈相对状。1座八联装"阿斯洛克"反潜导弹发射装置。1座76毫米单管全自动速射炮,射程17千米,射速10~85发/分。1座八联装"海麻雀"近程防空导弹发射装置,发射RIM-7F型导弹。1座6管20毫米"密集阵"近程防御系统,射速3 000发/分。2具324毫米三联装反潜鱼雷发射管,主要用于自身防御。此外,该级舰还能搭载1架SH-60J反潜直升机。

趣味小知识

在命名方面,"朝雾"级驱逐舰依照"天文地理名"中的"雾部"加以命名。

日本"村雨"级驱逐舰

"村雨"(Murasame)级驱逐舰是日本海上自卫队继"朝雾"级驱逐舰后的第三代反潜型驱逐舰。

直升机库特写

导弹发射器特写

研发历史

"村雨"级驱逐舰的设计目的是要更换日本海上自卫队所有小型的护卫舰。原始预计建造 14 艘,后由于"高波"级驱逐舰的出现,缩减为 9 艘。首舰"村雨"号(DD-101)于 1993 年 8 月开工建造,1994 年 8 月下水,1996 年 3 月开始服役。

基本参数

全长	151 米
全宽	17.4 米
吃水	5.3 米
最高航速	30 节
满载排水量	6 100 吨
相关简介	

实战性能

"村雨"级驱逐舰的主要武器包括:1 座 MK41 型 16 单元反潜导弹发射系统,发射"阿斯洛克"导弹;1 座 MK48 型 16 单元防空导弹发射系统,发射"海麻雀"导弹;2 座四联装反舰导弹发射系统,可发射"鱼叉"或日本国产 SSM-1B 反舰导弹;1 座单管 76 毫米"奥托"主炮(前 4 艘),从第 5 艘开始换装为新型的 127 毫米舰炮;2 座 6 管 20 毫米"密集阵"近程防御系统;2 具三联装反潜鱼雷发射管;4 座 MK36 SEBOC 箔条弹发射装置。此外,该级舰可搭载 1 架 SH-60J 反潜直升机。

趣味小知识

"村雨"级的基本构型、装备与技术水准等已经跳脱出"初雪"级、"朝雾"级的设计思想,完全是新时代的产物。

日本"高波"级驱逐舰

"高波"(Takanami)级驱逐舰是"村雨"级驱逐舰的后继型和全面升级版。

127 毫米主炮特写

舰体后部的直升机机库

基本参数

全长	151 米
全宽	17.4 米
吃水	5.3 米
最高航速	30 节
满载排水量	6300 吨
相关简介	

研发历史

"高波"级驱逐舰的首舰于 2000 年 4 月开工建造,2001 年 7 月下水并命名为"高波"号,2003 年服役。"高波"号的标准排水量为 4 560 吨,但为了拓展远洋作战能力,日本不断增加"高波"级后续舰的排水量,努力提升这种多用途驱逐舰的耐波性、远洋性、自动化及综合作战能力。因此,后续服役的"高波"级驱逐舰标准排水量增加到 6 300 吨。

实战性能

"高波"级驱逐舰的主要武器包括:1 座 32 单元 MK41 导弹垂直发射系统,可发射防空、反潜和巡航导弹;2 座四联装反舰导弹发射系统,可发射"鱼叉"或日本国产 SSM-1B 反舰导弹;1 门单管 127 毫米"奥托"主炮;2 座 6 管 20 毫米"密集阵"近 程防御系统。2 具三联装 HOS-302 反潜鱼雷发射管。此外,"高波"级驱逐舰可搭载 1 架 SH-60J 反潜直升机。

日本"秋月"级驱逐舰

"秋月"(Akizuki)级驱逐舰是日本设计建造的以反潜为主的多用途驱逐舰。

舰载武器特写

舰桥特写

基本参数	
全长	150.5 米
全宽	18.3 米
吃水	5.3 米
最高航速	30 节
满载排水量	6 800 吨
相关简介	

研发历史

从二战开始,日本前后共建造三代"秋月"级驱逐舰。第一代是日本在二战中为防御空中攻击而建造的驱逐舰,第二代是日本海上自卫队于 1958-1959 年建造的专门用于反潜作战的驱逐舰,第三代即是日本海上自卫队最新建造的多用途驱逐舰,用于替代即将退役的"初雪"级驱逐舰。"秋月"级驱逐舰当时是日本帝国海军联合舰队最大、最好的防空驱逐舰,在 1942 年 6 月中途岛海战后才投入使用,是首先配备雷达的日本军舰之一。

实战性能

"秋月"级驱逐舰的主要武器包括:1 座 MK-45 Mod 4 型 127 毫米主炮、2 座四联装 90 式反舰导弹系统、4 座八联装 MK41 垂直发射系统(供"海麻雀"防空导弹和"阿斯洛克"反潜导弹共用)、2 具三联装 97 式 324 毫米鱼雷发射管(发射 Mk46 型鱼雷或 97 式鱼雷)、2 座 MK-15 Block-1B"密集阵"近程防御系统、4 座 6 管 MK-36SBROC 干扰箔条发射装置。此外,该级舰还可搭载 2 架 SH-60K 反潜直升机。

日本"旗风"级驱逐舰

"旗风"(Hatakaze)级驱逐舰是日本海上自卫队的第三代导弹驱逐舰,也是日本第一艘搭载燃气涡轮引擎作为动力的军舰。

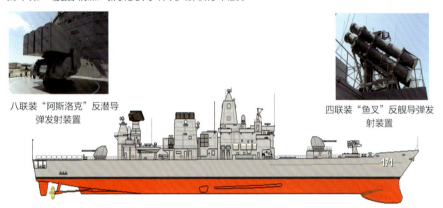

八联装"阿斯洛克"反潜导弹发射装置

四联装"鱼叉"反舰导弹发射装置

研发历史

1973年,日本开始建造3800吨级的"太刀风"级防空驱逐舰,数量为3艘。然而就在建造过程中,日本海上自卫队认为,该级舰艇吨位小,作战能力有限,数量也不够。于是又设计了一级改进型防空驱逐舰,这就是"旗风"级驱逐舰,计划建造2艘。

基本参数	
全长	150米
全宽	16.4米
吃水	4.8米
最高航速	30节
满载排水量	5 900吨
相关简介	

实战性能

"旗风"级驱逐舰的舰载武器包括:1座单臂MK13防空导弹发射装置,备"标准"SM-1MR导弹40枚;1座八联装"阿斯洛克"反潜导弹发射装置、2座四联装"鱼叉"反舰导弹发射装置、2座MK42型单管127毫米主炮、2具6管20毫米"密集阵"近防炮、2具三联反潜鱼雷发射管。此外,该级舰的直升机平台可供1架SH-60J"海鹰"直升机升降和加油。

趣味小知识

"旗风"级驱逐舰最显著的特点就是可以作为指挥旗舰的战术系统,在直升机驱逐舰不在的时候可以即时取代担任旗舰。

日本"金刚"级驱逐舰

"金刚"(Kongō)级驱逐舰是日本第一种装备"宙斯盾"防空系统的驱逐舰。

停放在"金刚"级驱逐舰的SH-60J舰载直升机

上层建筑特写

基本参数	
全长	161米
全宽	21米
吃水	6.2米
最高航速	30节
满载排水量	9 485吨
相关简介	

研发历史

20世纪80年代末,日本以美国海军新型"阿利·伯克Ⅰ"级驱逐舰为蓝本,引进"宙斯盾"作战系统,建造了4艘装备"标准2"远程区域防空导弹的"金刚"级驱逐舰,从而成为继美国之后第二个拥有"宙斯盾"驱逐舰的国家。

实战性能

"金刚"级驱逐舰是一种侧重于防空作战的大型水面舰艇,配有"宙斯盾"防空系统。与"阿利·伯克"级驱逐舰武器装备上的最大差异是,美国没有转让"战斧"巡航导弹,因此,"金刚"级驱逐舰不具备远程对岸攻击能力。该级舰的主要武器包括:2组MK41导弹垂直发射系统、2具四联装"鱼叉"反舰导弹发射装置、2座Mk15"密集阵"近程防御系统、2具三联装HOS-302型324毫米鱼雷发射管、4座六管MK36 SRBOC干扰火箭发射器和SLQ-25型"水精"鱼雷诱饵。该级舰还可搭载1架直升机。

> **趣味小知识**
>
> 由于以往日本海上自卫队导弹驱逐舰的吨位与通用驱逐舰相似,故两者均使用天文地理现象来命名。在以前日本海军时代,天文地理名专门用于驱逐舰。不过由于"金刚"级满载排水量突破9 000吨大关,又拥有超乎以往日本海自防空舰艇的强大战力,因此日本当局决定将"金刚"级冠上档次较高的"山名"。

日本"爱宕"级驱逐舰

"爱宕"（Atago）级驱逐舰是日本海上自卫队现役最新型的"宙斯盾"驱逐舰。

全自动舰炮特写

Mk15"密集阵"近程防御系统

研发历史

20世纪90年代末期，日本决定在现役"金刚"级驱逐舰的基础上发展一型拥有强大区域防空能力和一定拦截弹道导弹能力的新型"宙斯盾"驱逐舰。新型"宙斯盾"驱逐舰首舰"爱宕"号（DDG-177）于2004年4月5日开工，2005年8月24日下水，2007年3月15日服役。二号舰"足柄"号（DDG-178）于2005年4月6日开工，2006年8月30日下水，2008年3月13日服役。

基本参数	
全长	165米
全宽	21米
吃水	6.2米
最高航速	30节
满载排水量	10000吨
相关简介	

实战性能

"爱宕"级驱逐舰装备有强大的武器系统，不但具有较强的区域防空作战能力，反潜、反舰作战能力也比"金刚"级驱逐舰有很大提高。该级舰的主要武器包括：2组MK41导弹垂直发射系统、2座Mk15 Block 1B型"密集阵"近程防御系统、4座MK36 Mod 12型6管130毫米箔条诱饵发射装置、2具HOS-302型（68式）旋转式三联装324毫米鱼雷发射管、2具四联装90式（SSM-1B）反舰导弹发射装置、1座采用隐身设计的MK45 Mod 4型127毫米62倍口径全自动舰炮、2~4挺12.7毫米机关枪。

趣味小知识

"爱宕"级舰名来源于日本京都近郊的爱宕山。日本海军史上有两艘著名的"爱宕"号。一是日本计划建造的天城级战列巡洋舰的3号舰，由于《华盛顿海军条约》规定所限，该舰还没建成便解体，另一艘是二战期间"高雄"级巡洋舰的2号舰。

Chapter 04 驱逐舰

韩国"广开土大王"级驱逐舰

"广开土大王"(Gwanggaeto the Great)级驱逐舰是韩国海军自行研制设计的第一种驱逐舰。

舰炮特写

基本参数	
全长	135.4 米
全宽	14.2 米
吃水	4.2 米
最高航速	30 节
满载排水量	3 900 吨
相关简介	

"海麻雀"防空导弹发射装置

研发历史

1986 年，韩国开始了新型驱逐舰的设计，代号为 KDX-1，计划建造 3 艘。1994 年首舰铺设龙骨，1996 年 10 月下水并被命名为"广开土大王"号（DDH 971），1998 年 7 月 24 日装备韩国海军。二号舰"乙支文德"号（DDH 972）和三号舰"杨万春"号（DDH 973）相继在 1996 年和 1998 年动工建造。

实战性能

"广开土大王"级驱逐舰装有 1 座 16 单元 RIM-7M "海麻雀"防空导弹垂直发射装置（MK48 型）、2 座四联装 RGM-84D "鱼叉"反舰导弹发射装置、1 座单管 127 毫米"奥托"主炮、2 座 7 管 30 毫米"守门员"密集阵近防系统、2 具三联装 324 毫米 MK32 鱼雷发射管。该级舰设有机库，可搭载 1～2 架"大山猫"反潜直升机。

趣味小知识

"广开土大王"级驱逐舰创下了韩国造舰史上的多项第一：自行设计的第一种 300 吨级以上的主战舰艇、第一种能搭载舰载直升机的舰艇，此外也是首种装备垂直发射系统的自制舰艇，堪称韩国海军迈向大洋海军的第一步。

韩国"忠武公李舜臣"级驱逐舰

"忠武公李舜臣"（Chungmugong Yi Sunshin）级驱逐舰是韩国海军自行研制设计的第二种驱逐舰。

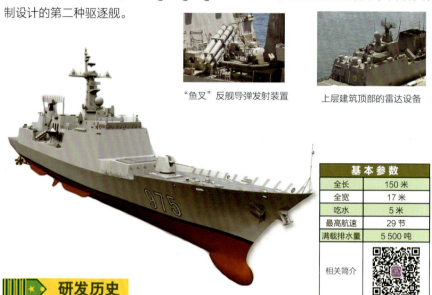

"鱼叉"反舰导弹发射装置

上层建筑顶部的雷达设备

基本参数	
全长	150米
全宽	17米
吃水	5米
最高航速	29节
满载排水量	5 500吨
相关简介	

研发历史

"忠武公李舜臣"级驱逐舰是韩国海军第二阶段开发研制的新型驱逐舰，首舰"忠武公李舜臣"号于2002年5月22日下水，2003年11月开始服役。该级舰一共建造了6艘，六号舰"崔莹"号于2008年9月4日开始服役。

实战性能

"忠武公李舜臣"级驱逐舰采用"柴燃联合"动力模式（双轴推进），武器配置较为全面，前甲板装备一座127毫米舰炮和MK41型垂直发射系统（可装"标准"系列防空导弹），中部装备"鱼叉"反舰导弹和鱼雷发射器，并配有荷兰产"守门员"速射炮和二十一联装"拉姆"近程防空导弹发射器，还可搭载1~2架"山猫"反潜直升机。四号舰"王建"号使用了"美韩联合"的模式，前甲板左侧装备32单元美制Mk41垂直发射模块，而右侧装备32单元韩国国产的垂直发射模块。

趣味小知识

2009年10月13日，韩国海军公布第二批6艘"忠武公李舜臣"级导弹驱逐舰的建造计划，预算规模达3万亿韩元，但直到2020年，仍未动工建造。

Chapter 04 驱逐舰

韩国"世宗大王"级驱逐舰

"世宗大王"(King Sejong the Great)级驱逐舰是韩国自行研制设计的第三种驱逐舰,装有"宙斯盾"系统。

美国海军军官参观"世宗大王"级驱逐舰的指挥中心

停放在"世宗大王"级甲板上的舰载直升机

研发历史

"世宗大王"级驱逐舰是"韩国驱逐舰实验"(KDX)计划的第三阶段研制的新型驱逐舰,目前已经定制3艘。首舰"世宗大王"号于2008年12月服役。二号舰"栗谷李珥"号于2010年8月服役。三号舰"西厓柳成龙"号于2012年8月服役。

基本参数	
全长	165.9米
全宽	21米
吃水	6.25米
最高航速	30节
满载排水量	7 200吨
相关简介	

实战性能

"世宗大王"级驱逐舰安装了美制"宙斯盾"作战系统,整合了AN/SPY-1D相控阵雷达。该级舰装有1门MK45 Mod4型127毫米舰炮、1座"拉姆"近程防空导弹系统、1座"守门员"近防系统、10座八联装MK 41垂直发射系统、6座八联装K-VLS垂直发射系统、4座四联装SSM-700K"海星"反舰导弹发射装置、2具三联装324毫米"青鲨"鱼雷发射管。此外,该级舰还可搭载2架"超山猫"反潜直升机。

印度"加尔各答"级驱逐舰

"加尔各答"（Kolkata）级驱逐舰是印度海军于21世纪初建造的驱逐舰，一共建造3艘，目前正在进行测试，尚未正式服役。

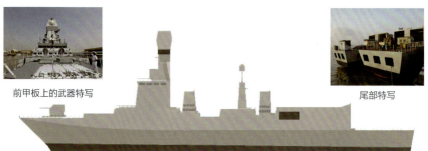

前甲板上的武器特写

尾部特写

研发历史

继"德里"级之后，印度在1996年展开后续的Project 15A驱逐舰计划，由马扎兰造船厂负责研发，基本上是"德里"级的改良版。最初 Project 15A 命名为"班加罗尔"级（Bangalore class），后来则改称为"加尔各答"级。印度在2000年5月批准建造3艘"加尔各答"级，平均每艘花费约9.5亿美元（含备份零件等项目）。

基本参数	
全长	163米
全宽	17.4米
吃水	6.5米
最高航速	32节
满载排水量	7 000吨
相关简介	

首舰"加尔各答"号（D63）于2003年3月12日开工，建造期间又经历大量修改设计，直到2014年8月才开始服役。二号舰"柯枝"号（D64）于2015年9月开始服役，三号舰"金奈"号（D65）于2016年11月开始服役。

实战性能

"加尔各答"级驱逐舰的舰载武器主要包括：1座100毫米AK-190E舰炮、2座八联装3S14E垂直发射系统、6座八联装Barak 8防空导弹垂直发射系统、2座十六联装Barak-1短程防空导弹发射器、2座十二联装RBU-6000反潜火箭发射器、1具五联装533毫米PTA-533鱼雷发射器（发射B-515鱼雷）和4座30毫米AK-630机关炮。

趣味小知识

"加尔各答"级驱逐舰经过多次更改设计，子系统研制进度落后，加上承建的造船厂由于业务繁重，前后拖了十多年才全部建成服役。

Chapter 05

护卫舰

　　护卫舰是当代世界各国建造数量最多、分布最广、参战机会最多的一种中型水面舰艇。在现代海军编队中，护卫舰是在吨位和火力上仅次于驱逐舰的水面作战舰只，但由于其吨位较小，自持力较驱逐舰为弱，远洋作战能力逊于驱逐舰。

美国"迪利"级护卫舰

"迪利"(Dealey)级护卫舰是美国在二战后研制的第一级护卫舰。

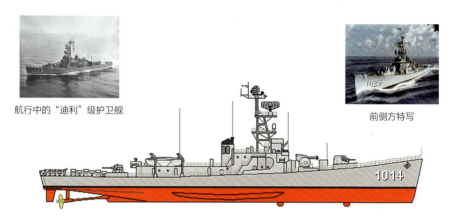

航行中的"迪利"级护卫舰

前侧方特写

研发历史

1954年,"迪利"级护卫舰的首舰"迪利"号(DE1006)由巴斯钢铁公司建造完成。"迪利"级护卫舰共13艘,于1974年全部退役,退役后有1艘交付乌拉圭、1艘交付哥伦比亚,后又使用到20世纪90年代。

基本参数	
全长	95.9米
全宽	11.2米
吃水	5.5米
最高航速	25节
满载排水量	1 877吨
相关简介	

实战性能

"迪利"级护卫舰装备了2座MK-33双管76毫米高平两用炮(前面的一座有防盾,后面的一座为敞露式),反潜武器为2座MK-11刺猬弹发射器和2具MK-32三管324毫米鱼雷发射管。不久舰上的刺猬弹发射系统就被MK-108"斑马"反潜火箭发射器所取代。

趣味小知识

1962年,在美军FRAM计划中,"迪利"级又被拆去了后主炮,腾出空间装备DASH(遥控无人反潜直升机)。

Chapter 05 护卫舰

美国"加西亚"级护卫舰

"加西亚"(Garcia)级护卫舰是美国二战后建造的第二代护卫舰。

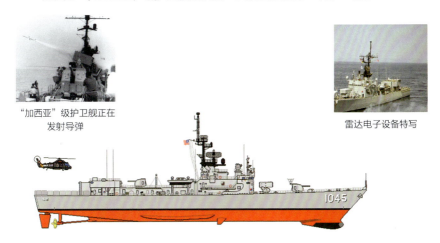

"加西亚"级护卫舰正在发射导弹

雷达电子设备特写

研发历史

"加西亚"级护卫舰主要担任以反潜护航为中心的作战任务,一共建造10艘,建造周期为6年。首舰于1968年服役。

基本参数	
全长	126.3米
全宽	13.4米
吃水	7.5米
最高航速	27节
满载排水量	2 650吨
相关简介	

实战性能

"加西亚"级护卫舰装备1座八联装"阿斯洛克"反潜火箭发射装置(可发射"捕鲸叉"反舰导弹)、2座三联装Mk32反潜鱼雷发射装置、2座Mk30单管127毫米炮。此外,该级舰还可搭载1架SH-2D"海妖"直升机。

趣味小知识

"加西亚"级护卫舰建立了冷战高峰期美国护卫舰的基本技术路线,不加油能完成横穿大西洋的护航任务。

美国"布鲁克"级护卫舰

"布鲁克"(Brooke)级护卫舰是美国研制的第一代导弹护卫舰。

电子设备特写

照射雷达特写

研发历史

"布鲁克"级护卫舰于1962-1967年一共建造了6艘,分别是"布鲁克"号(FFG1)、"拉姆齐"号(FFG2)、"斯科非尔德"号(FFG3)、"塔尔特"号(FFG4)、"佩奇"号(FFG5)和"弗雷尔"号(FFG6)。

基本参数

全长	126米
全宽	13米
吃水	7.3米
最高航速	27.2节
满载排水量	3 426吨

实战性能

"布鲁克"级护卫舰的动力系统由总功率26 000千瓦的蒸汽轮机和锅炉等设备构成。该级舰的主要武器包括:1座Mk22"鞑靼人"防空导弹发射装置、2座三联装Mk32鱼雷发射装置、1座八联装阿斯洛克反潜火箭发射装置、1座127毫米速射舰炮。此外,该级舰还可搭载1架SH-2D反潜直升机。

趣味小知识

"布鲁克"级首舰以美国海军史上著名的海洋水文专家——约翰·默瑟·布鲁克(John Mercer Brooke, 1826-1906)之名来命名。

美国"诺克斯"级护卫舰

"诺克斯"(Knox)级护卫舰是美国于20世纪60年代研制的护卫舰。

电子设备特写

"阿斯洛克"反潜火箭发射装置

研发历史

"诺克斯"级护卫舰是在"加西亚"级护卫舰的基础上改进而来的,首舰于1965年开工,1969年4月服役,同级舰共46艘,1974年前全部进入现役。目前,部分舰只已转入预备役或外租。

基本参数	
全长	134米
全宽	14.3米
吃水	7.5米
最高航速	27节
满载排水量	4 260吨
相关简介	

实战性能

"诺克斯"级护卫舰是以反潜武器装备强而闻名的。除1座八联装"阿斯洛克"反潜火箭发射装置和1具双联装MK-32鱼雷发射管(配备MK46鱼雷)外,还搭载有1架反潜直升机。该级舰的反舰武器为2座四联装"鱼叉"反舰导弹发射装置和1座127毫米火炮。该级舰的探测设备包括对空警戒、对海警戒、导航和炮瞄雷达各1部,以及舰首和拖曳线列阵声呐各1部。另外,舰上载有较为先进的指挥控制和电子战设备。

趣味小知识

"诺克斯"级护卫舰的识别特征是上层建筑较长,顶部两端高,中间低。舰艇建筑后部只有一粗大桅杆塔,上部加粗呈桶形,其上架设备种天线。

美国"佩里"级护卫舰

"佩里"级（Perry）护卫舰是美国于20世纪70年代研制的导弹护卫舰。

SH-60 直升机

76 毫米舰炮正在开火

基本参数	
全长	135.6 米
全宽	13.7 米
吃水	6.7 米
最高航速	29 节
满载排水量	4 100 吨
相关简介	

研发历史

20世纪70年代，由于美国海军装备的各类战斗舰艇老化严重，急需一大批新舰来替换。因此，美国海军开始进行新舰制造计划，并实行"高低档舰艇结合"的造舰政策。在大量建造高档舰艇的同时，也建造了一些注重性价比的中小型军舰，"佩里"级导弹护卫舰就是其中之一。

实战性能

"佩里"级护卫舰的武器包括：1座单臂MK-13导弹发射装置，发射"标准"导弹用于防空，或"鱼叉"导弹用于反舰；1座单管MK75-0型76毫米舰炮，用于中近程防空、反舰；2座六管20毫米"密集阵"近程武器系统，用于近程防空；2座六管MK-36型SRBOC干扰火箭发射装置；2具三联装MK-32鱼雷发射管，发射MK46-5或MK-50鱼雷用于反潜；1套SQ-25"水精"鱼雷诱饵，用于反潜。

趣味小知识

"佩里"级护卫舰得名于美国海军英雄少校奥利弗•佩里（1785年8月23日－1819年8月23日），他在1812年第二次美英战争中抵御英国军队并促使美国军队在伊利湖战役中取得决定性的胜利，从而赢得"伊利湖的英雄"的美誉。

Chapter 05 护卫舰

美国"自由"级护卫舰

"自由"(Freedom)级是美国研制的濒海战斗舰,用于取代"佩里"级护卫舰。

舰首特写

电子设备特写

基本参数

全长	115 米
全宽	17.5 米
吃水	3.9 米
最高航速	47 节
满载排水量	3 000 吨
相关简介	

研发历史

2004年,美国海军与洛克希德·马丁公司领导的工业小组签订合同,开发濒海战斗舰首舰。2005年,首舰"自由"号开始铺设龙骨,之后于2006年下水,2008年8月21日开始进行海试,同年11月8日开始服役。二号舰"沃思堡"号于2012年9月开始服役,三号舰"密尔沃基"号于2015年11月开始服役,四号舰"底特律"号于2016年10月开始服役。

实战性能

"自由"级可搭载220吨的武装及任务系统,舰首装有1座博福斯57毫米舰炮,直升机库上方设有1座RIM-116防空导弹发射器;舰楼前、后方的两侧各有1挺12.7毫米机枪,共计4挺,并计划配备NULKA诱饵发射器。直升机库结构上方预留两个武器模组安装空间,可依照任务需求设置垂直发射器来装填短程防空导弹,或者安装30毫米MK46机关炮塔模组。

趣味小知识

濒海战斗舰是美国海军为取代"佩里"级护卫舰在20世纪90年代初期进行的SC-21水面战斗舰艇计划的一部分,是冷战后美国舰艇转型的一种体现。与传统的护卫舰相比,濒海战斗舰的打击火力减弱不少,主要进行跨海近岸作战。

美国"独立"级护卫舰

"独立"(Independence)级是美国研制的另一种濒海战斗舰。

雷达特写　　　　　　　　　　　　　　停放在甲板上的直升机

研发历史

"独立"级濒海战斗舰与"自由"级濒海战斗舰同时发展,美国海军在 2004 年 5 月与洛克希德·马丁公司、通用动力公司分别签下濒海战斗舰的发展合约。2005 年,通用动力公司的"独立"级濒海战斗舰方案完成了细部设计。2006 年 1 月,"独立"级濒海战斗舰的首舰开工建造,2010 年 1 月正式服役。

基本参数	
全长	127.4 米
全宽	31.6 米
吃水	4.3 米
最高航速	44 节
满载排水量	3 104 吨
相关简介	

实战性能

"独立"级的舰载传感器、作战系统和 C4ISR 系统等设计突破传统观念,能根据任务需要灵活组装、搭配不同的武器模块系统。它能对面临的各种威胁做出反应:能攻击和躲避,特别是高速密集小艇;能切断潜艇接近的途径;避开水雷从容地进行反水雷作战。此外,"独立"级还具有良好的雷达探测规避能力和通信指挥能力,能秘密行驶至敌方海岸线附近协助特种部队执行秘密任务。因此,"独立"级不但可用于传统的作战模式,还具备对付敌方"非对称作战"的能力,是未来的"全能战舰"。

趣味小知识

"独立"级濒海战斗舰具有大面积的飞行甲板,能够同时进行 2 架 SH-60 直升机的作业,并能搭载美国海军最大型的直升机 MH-53,这在相同排水量的美国海军战舰中是不可能实现的,这就是"独立"号濒海战斗舰采用三体船型所带来的优势。

Chapter 05 护 卫 舰

俄罗斯"里加"级护卫舰

"里加"（Riga）级护卫舰是俄罗斯于 20 世纪 50 年代研制的护卫舰。

侧方特写

上方视角

研发历史

"里加"级护卫舰由延塔造船厂、哈巴罗夫斯克造船厂和纳辛科造船厂建造。该级舰还曾出口到保加利亚、印度尼西亚和芬兰等国。

实战性能

"里加"级护卫舰主要武器包括：3 座对空对海通用型 100 毫米舰炮、2 座双联装 37 毫米舰炮、2 座双联装 25 毫米舰炮、2 座十六联装反潜火箭发射装置、1 具三联装 533 毫米鱼雷发射管。另外，舰上还安装了 4 座深水炸弹发射装置。

基本参数	
全长	91 米
全宽	10.2 米
吃水	3.2 米
最高航速	28 节
满载排水量	1 416 吨
相关简介	

趣味小知识

"里加"级护卫舰的火力设备中没有导弹，但其舰炮是自动或半自动的。

俄罗斯"克里瓦克"级护卫舰

"克里瓦克"(Krivak)级护卫舰是苏联第一级护卫舰现代化导弹护卫舰,项目代号为 1135。

"克里瓦克"级护卫舰与
美国巡洋舰相撞

上侧方特写

基本参数

全长	123.5 米
全宽	14.1 米
吃水	4.6 米
最高航速	32 节
满载排水量	3 575 吨
相关简介	

研发历史

"克里瓦克"级导弹护卫舰大体可以分为 3 个型号,Ⅰ型建于 1969-1981 年,共建造 20 艘;Ⅱ型建于 1976-1981 年,共有 11 艘;Ⅲ型建于 1984-1993 年,共 9 艘。

实战性能

"克里瓦克"级护卫舰的主要武器包括:2 座四联装 SS-N-25 "明星"舰对舰导弹发射装置、2 座双联装 SA-N-4 "壁虎"舰对空导弹发射装置、1 座四联装 SS-N-14 "石英"反潜导弹发射装置、2 座 100 毫米舰炮、2 座 6 管 30 毫米舰炮、2 具四联装 533 毫米鱼雷发射管、2 座 12 管 RBU-6000 型回转式反潜深弹发射装置。对抗措施为 4 座 PK16 或 10 座 PK10 型箔条诱饵发射装置。

趣味小知识

服役近 40 年的"克里瓦克"级护卫舰,并没有真正参加过实战,但其表现及突发事件却给人们留下了深刻的印象。

俄罗斯"格里莎"级护卫舰

"格里莎"(Grisha)级护卫舰是苏联于20世纪70年代研制的护卫舰。

舰尾特写

上层建筑特写

研发历史

"格里莎"级护卫舰共建造了80艘,分Ⅰ型、Ⅱ型、Ⅲ型和Ⅴ型,数量分别为15艘、12艘、30艘、23艘。首舰于1968年开工,1971年加入现役。该级舰通常活动于俄罗斯近中海及沿岸海域,执行反潜、护航和其他多项任务。

基本参数	
全长	71.6米
全宽	9.8米
吃水	3.7米
最高航速	34节
满载排水量	1 200吨
相关简介	

实战性能

Ⅰ型舰上装有1座双联装SA-N-4舰空导弹发射架、1门双管57毫米炮、2具双联装533毫米鱼雷发射管、2座12管RBU6000型反潜发射装置等。Ⅱ型舰取消了舰首的SA-N-4型舰空导弹发射架,换装了第二座双管57毫米炮。Ⅲ型舰则又恢复了舰首的SA-N-4舰空导弹发射装置,并在舰尾甲板室上加装1座6管30毫米速射炮。Ⅴ型与Ⅲ型基本相同,仅将Ⅲ型舰尾的双管57毫米炮改为单管76毫米炮。

趣味小知识

俄罗斯海军装备的"格里莎"Ⅰ型舰全部隶属北方舰队,同时还装备有11艘"格里莎"Ⅴ型护卫舰。

俄罗斯"猎豹"级护卫舰

"猎豹"(Gepard)级护卫舰是俄罗斯研制的一款新型护卫舰,项目代号为11661。

侧方特写

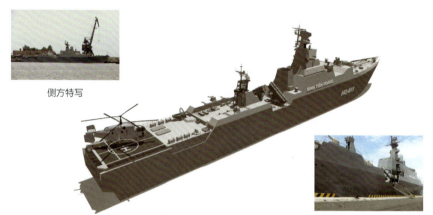

停在海军基地的"猎豹"级护卫舰

研发历史

"猎豹"级护卫舰是俄罗斯海军用来取代"科尼"级和"格里莎"级护卫舰,并为了积极抢占全球小吨位水面作战舰艇市场而设计的新一代轻护卫舰。目前,"猎豹"级护卫舰的唯一海外用户是越南海军,已订购4艘。

基本参数	
全长	102.1米
全宽	13.1米
吃水	5.3米
最高航速	28节
满载排水量	1930吨
相关简介	

实战性能

"猎豹"级护卫舰为典型的近海作战军舰,配备导弹、水雷、鱼雷及舰载机,火力比较齐全。该级舰可搭载飞机,但没有直升机机库,只有飞行甲板。"猎豹"级护卫舰目前分成2.9级和3.9级,3.9级的排水量比2.9级大,携带的导弹量也较多,能在5级的风浪下进行巡航。

趣味小知识

由于"猎豹"级这样的轻型近海护卫舰非常适合规模不大的小国海军,因此俄罗斯也以"猎豹"型为基础,推出一系列外销衍生型。

俄罗斯"不惧"级护卫舰

"不惧"（Neustrashimy）级护卫舰是苏联研制的一款护卫舰，项目代号为11540。

100 毫米 AK-100 舰炮

雷达天线特写

研发历史

"不惧"级的首舰"不惧"号在 1987 年 3 月 25 日于加里宁格勒的扬塔尔船厂安放龙骨，1988 年下水，于 1990 年展开海试，同年 12 月 28 日成军。随后苏联土崩瓦解，"不惧"号在 1993 年加入俄罗斯舰队服役。

基本参数	
全长	129.6 米
全宽	15.6 米
吃水	5.6 米
最高航速	30 节
满载排水量	4 400 吨
相关简介	

实战性能

"不惧"级护卫舰拥有强大的舰载武器装备，舰首设有 1 座单管 100 毫米 AK-100 自动舰炮，射速达 50 发/分，射程 20 千米，弹药库内备弹 350 发。此外，舰体中段最多能安装 4 座四联装 SS-N-25"弹簧刀"反舰导弹发射器。防空方面，该级舰设有 4 座八联装 3S-95 转轮式垂直发射系统，装填 32 枚 SA-N-9"铁手套"短程防空导弹。"不惧"级护卫舰还装备了 2 座 CADS-N-1"卡什坦"近防系统，分别设于机库两侧。

趣味小知识

"不惧"级护卫舰原本设计为一种小型的反潜护卫舰，随后由于需求不断扩充，成为一种标准排水量超过 3500 吨的全能型舰队护卫舰，不仅拥有强大的反潜能力，也有足够的对空监视与防空自卫作战能力。

俄罗斯"守护"级护卫舰 2007

"守护"（Steregushchiy）级护卫舰是俄罗斯海军的新一代多用途隐身护卫舰。

前甲板上安装的舰炮和"卡什坦"系统

雷达特写

研发历史

21世纪初，俄罗斯展开新一代护卫舰"守护"级的建造。首舰于2006年5月16日下水，2006年11月10日展开海试。2007年6月27日，"守护"级护卫舰在圣彼得堡举行的国际海军展上首次亮相，2007年11月开始服役。

基本参数	
全长	94米
全宽	13米
吃水	3.7米
最高航速	27节
满载排水量	4 000海里
相关简介	

实战性能

"守护"级护卫舰装有1门新型的AK-190 100毫米自动舰炮、1座CADS-N-1"卡什坦"近防武器系统、2座AK-630型30毫米自动近防武器系统。在反舰导弹方面，"守护"级护卫舰可以搭载8枚SS-N-25"冥王星"或6枚SS-N-27"俱乐部"反舰导弹。该级舰还有4具400毫米鱼雷发射管，分置于两舷的舱门内。舰尾设有一个直升机库与飞行甲板，能搭载1架卡-27反潜直升机。

趣味小知识

"守护"级护卫舰的前几艘采用全柴油机推进，俄罗斯打算在后续建造的"守护"级护卫舰上使用复合燃气涡轮与柴油机动力系统。苏联解体后，原本负责生产水面舰艇燃气涡轮机的企业位于乌克兰境内，导致了俄罗斯海军舰艇的主机受制于乌克兰的窘况。为了解决这个问题，俄罗斯在圣彼得堡设立了船舰涡轮主机科研中心，并开始发展M-75系列燃气涡轮。

俄罗斯"格里戈洛维奇海军上将"级护卫舰

"格里戈洛维奇海军上将"（Admiral Grigorovich）级护卫舰是俄罗斯研制的导弹护卫舰。

100 毫米 A-190 舰炮

舰首特写

基本参数

全长	124.8 米
全宽	15.2 米
吃水	4.2 米
最高航速	32 节
满载排水量	4 035 吨
相关简介	

研发历史

"格里戈洛维奇海军上将"级护卫舰是以俄罗斯在2000年售于印度的"塔尔瓦"级护卫舰为基础改良而来。2010年10月8日，俄罗斯国防部与位于加里宁格勒的杨塔尔造船厂签署合约，订购首艘"格里戈洛维奇海军上将"级导弹护卫舰。

实战性能

"格里戈洛维奇海军上将"级护卫舰的主要武器包括：1 座 100 毫米 A-190 舰炮、3 座十二联装 3S90E 垂直发射系统（装填 9M317 防空导弹）、1 座八联装 KBSM 3S14U1 垂直发射系统（装填"红宝石"反舰导弹）、1 座十二联装 RBU-6000 反潜火箭发射器、2 座 CADS-N-1"卡什坦"近迫武器系统、2 具双联装 533 毫米鱼雷发射管。

趣味小知识

俄罗斯可能是鉴于"戈尔什科夫上将"级进度不顺，才会另外购买设计成熟的"格里戈洛维奇海军上将"级来填补空档。

俄罗斯"戈尔什科夫"级护卫舰

"戈尔什科夫"(Gorshkov)级护卫舰是俄罗斯正在建造的最新一级导弹护卫舰。

舰首特写

前方特写

基本参数	
全长	135 米
全宽	16 米
吃水	4.5 米
最高航速	29.5 节
满载排水量	5 400 吨
相关简介	

研发历史

2003 年 7 月,俄罗斯海军正式公布 22350 型护卫舰项目,并交由位于圣彼得堡的北方设计局负责设计工作。俄罗斯海军对 22350 型护卫舰十分重视,因为这种舰艇是俄罗斯第一种在苏联解体后,从头设计、开工建造的主力水面作战舰艇。虽然俄罗斯海军在苏联解体后仍继续建造了若干大型舰艇,但完全是继续对苏联时代遗留的未成品进行施工。俄罗斯海军计划建造 8 艘"戈尔什科夫"级护卫舰,首舰"戈尔什科夫"号于 2006 年 2 月在北方造船厂安放龙骨,当时计划在 2009 年完工。不过,由于预算短缺,该舰的建造进度大为落后,直到 2010 年 10 月才下水,2016 年 11 月开始服役。

实战性能

"戈尔什科夫"级护卫舰的舰首有 1 门 A-192M 型 130 毫米舰炮,舰炮后方设有 4 座八联装 3K96 防空导弹垂直发射系统,可发射 9M96、9M96D 或 9M100 等多种防空导弹。防空导弹后方是高出一层甲板的 B 炮位(舰桥前方),装有 2 座八联装 3R14 通用垂直发射系统,可发射 P-800 超音速反舰导弹、3M-54 亚/超双速反舰型导弹、3M-14 对陆攻击型导弹、91RT 超音速反潜型导弹等武器。

Chapter 05 护 卫 舰

英国"女将"级护卫舰

"女将"(Amazon)级护卫舰是英国研制的护卫舰,也称为 21 型。

侧方特写

导弹发射器特写

研发历史

"女将"级护卫舰一共建造 8 艘,前 2 艘在沃斯帕·桑尼克罗夫特造船厂建造,后 6 艘在亚罗造船厂建造。首舰于 1969 年动工,最后一艘舰于 1978 年服役。该级舰参加过马岛战争,有 2 艘在战争中被击沉。剩下的 6 艘在 1993-1994 年出售给巴基斯坦海军。

基本参数	
全长	117 米
全宽	12.7 米
吃水	5.8 米
最高航速	32 节
满载排水量	3 360 吨
相关简介	

实战性能

"女将"级护卫舰的主要武器包括:1 座 Mk8 型 114 毫米高平两用炮、4 座"飞鱼"反舰导弹发射器、2 门 20 毫米"厄利空"机关炮、1 座 GWS-24 型"海猫"防空导弹四联装发射架、2 座 Mk32 型 324 毫米短鱼雷发射器。此外,该级舰还可搭载 1 架"山猫"HAS-2 反潜直升机。

趣味小知识

"女将"级护卫舰是一种成功控制成本的船舰,但也因此付出了惨痛的代价,促使了日后皇家海军采用更严格的生存设计。

英国"公爵"级护卫舰

"公爵"(Duke)级护卫舰是英国研制的护卫舰,也称为 23 型。

114 毫米 Mk 8 舰炮正在开火

发射导弹

研发历史

"公爵"级护卫舰最初设计用于替代"利安德"级护卫舰,承担深海反潜任务。随着"冷战"的结束,并吸取马岛战争的教训,英国海军要求"公爵"级护卫舰更多地承担支援联合远征作战、投送海上力量等任务,最终形成了一型反潜能力突出,并兼具防空、反舰和火力支援能力的护卫舰。该级舰一共建造了 16 艘,截至 2016 年 11 月仍有 13 艘在英国海军服役,其他 3 艘在退役后被智利海军购买。

基本参数

全长	133 米
全宽	16.1 米
吃水	7.3 米
最高航速	28 节
满载排水量	4 900 吨
相关简介	

实战性能

"公爵"级护卫舰的主要武器包括:2 座四联装"鱼叉"舰对舰导弹发射装置、32 单元"海狼"舰对空导弹垂直发射装置、1 座"维克斯"114 毫米 MK8 舰炮、2 具 30 毫米舰炮、2 具双联装 324 毫米固定式鱼雷发射管。该级舰的动力装置包括 2 台劳斯莱斯"斯贝"SM1A(或 SM1C)燃气轮机、4 台帕克斯曼公司柴油机、2 台通用电气公司的电机。

趣味小知识

最初英国海军只打算让"公爵"级护卫舰服役 18 年,服役期间不进行任何大规模更新,但由于"公爵"级护卫舰的后继者——26 型护卫舰一再推迟,故英国海军只好将"公爵"级护卫舰的役期延长为 22 年,并从 2005 年起陆续展开翻修与改良工作。英国海军剩下的 13 艘"公爵"级护卫舰预计要效力至 2020 年以后,才会有新一代舰艇接替,2036 年左右才能全数退役。

法国"花月"级护卫舰

"花月"级护卫舰是法国于 20 世纪 90 年代初建造的一款护卫舰。

"飞鱼"反舰导弹发射装置

上层建筑特写

基本参数

全长	93.5 米
全宽	14 米
吃水	4.3 米
最高航速	20 节
满载排水量	2 950 吨

研发历史

"冷战"结束后,法国认为大规模的军事对抗风险已经消失。法国海军有了新的任务,即保护其 12 万平方千米的专属经济区,而现役的护卫舰也已老化。于是,法国便以"警戒护卫舰"为概念,研制出了"花月"级护卫舰。该级舰还出口到摩洛哥。

实战性能

"花月"级护卫舰的主要武器包括 1 座 100 毫米全自动舰炮、2 座"吉亚特"20F2 型舰炮,以及 2 座"飞鱼"MM38 型反舰导弹发射装置。此外,该级舰还可搭载 1 架 AS 332F"超美洲豹"直升机或 AS 565"黑豹"直升机。"花月"级护卫舰的电子设备包括 1 部 DRBV21A 型对空/对海搜索雷达、2 部 DRBN34A 型导航雷达、2 座"达盖"Mk2 型 10 管干扰火箭发射系统、1 部"托马斯"ARBR17 型雷达预警系统等。

法国"拉斐特"级护卫舰

"拉斐特"级护卫舰是法国于20世纪80年代末研制的导弹护卫舰。

100毫米自动舰炮特写

汤姆森 DRBV-15C"海虎"Mk 2 海空搜索雷达

基本参数	
全长	125米
全宽	15.4米
吃水	4.1米
最高航速	25节
满载排水量	3 600吨
相关简介	

研发历史

20世纪80年代,联合国海洋法公约正式生效后,世界各濒海国家都加强了对自身海洋权益的保护,法国海军也提出采购一批新型导弹护卫舰,用于保护海外地区领海和专属经济区的计划,"拉斐特"级导弹护卫舰便由此而来。

实战性能

"拉斐特"级护卫舰的主要武器包括:1座八联装"响尾蛇CN2"防空导弹系统,用于中远程防空;2座四联装"飞鱼MM40"反舰导弹发射架,装载8枚"飞鱼"导弹,用于反舰;1座100毫米自动炮,弹库可以容纳600发炮弹,用于防空、反舰;2座人工操作20毫米炮,主要在执行海上保安任务时使用。此外,该级舰还可搭载1架"黑豹"直升机。

趣味小知识

"拉斐特"级护卫舰的舰名是为了纪念18世纪法籍美国大陆军少将、前法国国民军、国民自卫军总司令、法国立宪派领导人拉斐特侯爵(1757年9月6日—1834年5月20日)。由于参加了美国独立战争和经历了法国大革命,他被称为新旧两个世界的英雄。

德国"不来梅"级护卫舰

"不来梅"级护卫舰是德国于20世纪70年代末研制的多用途护卫舰。

侧方特写

甲板特写

研发历史

"不来梅"级护卫舰由德国不来梅·富坎船舶公司建造,具有远洋反潜、对海作战和近程防御能力。首舰于1979年7月开工建造,1979年9月下水,1982年5月开始服役。八号舰于1987年6月开工建造,1987年10月下水,1990年3月开始服役。

基本参数	
全长	130.5米
全宽	14.6米
吃水	6.3米
最高航速	30节
满载排水量	3 680吨
相关简介	

实战性能

"不来梅"级护卫舰的主要武器包括:2座四联装"鱼叉"反舰导弹发射装置、1座八联装Mk29"北约海麻雀"中程舰空导弹发射装置、2具双联装Mk32型324毫米鱼雷发射管、1座MK75型"奥托·梅莱拉"单管76毫米高平两用炮。此外,该级舰尾部设有直升机机库,可搭载2架"山猫"反潜直升机。

趣味小知识

"不来梅"级护卫舰采用地名命名法,各舰均以德国城市命名。首舰得名于德国北部城市不来梅,该城具有悠久的历史,早在公元8世纪即已建成。目前,不来梅是德国不来梅州的州府、第二大港口城市、第五大工业城市和西北部的中心。

德国"勃兰登堡"级护卫舰

"勃兰登堡"(Brandenburg)级护卫舰是德国于20世纪90年代建造的护卫舰。

雷达天线特写

舰首特写

研发历史

20世纪90年代初,德国汉堡勃姆沃斯造船厂借鉴先前的NATO护卫舰和德国海军122型多任务护卫舰的造舰经验,借助先进的模块化技术,研发出一种在实用性方面表现更加突出的改进型护卫舰,即123型"勃兰登堡"级护卫舰。该级舰一共建造了4艘,首舰于1994年10月开始服役,四号舰于1996年12月开始服役。

基本参数	
全长	138.9米
全宽	16.7米
吃水	4.4米
最高航速	29节
满载排水量	4 490吨
相关简介	

实战性能

"勃兰登堡"级护卫舰的主要武器包括:2具双联装"飞鱼"MM38型反舰导弹发射装置,用于反舰;1座"奥托·梅莱拉"76毫米舰炮,用于近程防空、反舰;16单元Mk41 Mod3型舰空导弹垂直发射装置,备16枚"海麻雀"导弹用于中远程防空;2座21单元Mk49型"拉姆"点防御导弹发射装置,备21枚RIM-116A型"海拉姆"导弹用于近程防空;2具双联装Mk32 Mod9型鱼雷发射管,发射Mk46 Mod2型鱼雷用于反潜。此外,该级舰还可搭载2架"超山猫"Mk88型反潜直升机。

德国"萨克森"级护卫舰

"萨克森"(Sachsen)级护卫舰是德国海军最大的水面舰艇,也是德国海军第一艘采用模块化设计的舰艇,又称为F124型。

上层建筑特写

配备的MG3机枪

基本参数	
全长	143米
全宽	17.4米
吃水	6米
最高航速	29节
满载排水量	5 800吨
相关简介	

研发历史

"萨克森"级护卫舰被德国海军用来取代3艘在20世纪60年代向美国购买的3艘"吕特延斯"级驱逐舰。该级舰原计划建造4艘,有1艘取消建造。首舰"萨克森"号在1996年3月14日签订建造合同,2002年10月交付,2003年12月正式服役。二号舰"汉堡"号于2000年9月开工,2002年8月下水,2004年12月开始服役。三号舰"黑森"号于2001年12月开工,2003年7月下水,2006年4月开始服役。

实战性能

"萨克森"级是迎合海上作战发展形势建造的新型护卫舰,装备性能一流的APAR主动相控阵雷达,防空作战性能突出。充分采用先进的计算机控制技术,可以称为数字化战舰。该级舰的主要武器包括:1座76毫米舰炮、2座20毫米舰炮、32枚"海麻雀"导弹、24枚"标准"导弹、RIM-116B"拉姆"近程滚动体防空导弹、2座三联装MK32鱼雷发射装置。此外,该级舰还可搭载2架NH90直升机。

意大利"西北风"级护卫舰

"西北风"(Maestrale)级护卫舰是意大利海军于20世纪70年代建造的多用途护卫舰。

武器系统特写

反潜直升机在"西北风"级护卫舰尾部甲板上空作业

研发历史

1975年,意大利海军参谋部批准"西北风"级反潜护卫舰的设计。首舰于1978年3月开工,1981年2月下水,1982年3月开始服役。

基本参数

全长	122.7米
全宽	12.9米
吃水	4.2米
最高航速	33节
满载排水量	3 100吨
相关简介	

实战性能

"西北风"级护卫舰装有4座"奥托马特"舰对舰导弹发射装置、1座"信天翁"舰对空导弹发射装置、1座127毫米全自动舰炮、2座双联装40毫米舰炮、2座105毫米二十联装火箭发射装置、2座三联装鱼雷发射装置。此外,该级舰还可搭载2架反潜直升机。该级舰的探测设备主要有:1部SMA702型对海警戒雷达、1部SPS774对空搜索雷达、1部SMA703型导航雷达、2部炮瞄雷达、1部DE1164声呐、1部NA30A火控雷达、1部电子战系统和1部指挥系统。

趣味小知识

"西北风"级的主要使命是监视和保卫北约分派的海区,确保地中海航道的畅通。"西北风"级是以反潜为主的多用途护卫舰。

西班牙"阿尔瓦罗·巴赞"级护卫舰

"阿尔瓦罗·巴赞"级护卫舰是西班牙研制的"宙斯盾"护卫舰,又称 F-100 型。

四联装"鱼叉"反舰导弹发射装置

甲板特写

基本参数	
全长	146.7 米
全宽	18.6 米
吃水	4.8 米
最高航速	29 节
满载排水量	5 800 吨
相关简介	

研发历史

20 世纪 90 年代,美国为了抢占军火份额,宣布向北约国家出口其最先进的舰载"宙斯盾"防空系统。西班牙于 1995 年 6 月决定退出与荷兰、德国合作的"三国护卫舰计划",转而采用美制"宙斯盾"系统。于是,西班牙成为继日本之后第二个获得美国"宙斯盾"系统的国家。"阿尔瓦罗·巴赞"级护卫舰一共建造了 5 艘,首舰于 2002 年开始服役,五号舰于 2012 年开始服役。

实战性能

"阿尔瓦罗·巴赞"级护卫舰的主要武器包括:1 座六组八联装 Mk41 垂直发射系统,发射"标准"导弹或改进型"海麻雀"导弹;1 座"梅罗卡"近防炮,备弹 720 发;1 门 127 毫米 Mk 45 Mod2 舰炮,用于防空、反舰;2 座四联装波音公司"鱼叉"反舰导弹系统,用于反舰;2 座 Mk 46 双管鱼雷发射装置,发射 Mk 46 Mod5 轻型鱼雷;2 挺 20 毫米机关炮。

趣味小知识

海军人员在西班牙被视为高级专业人士,他们所享受的待遇非同一般,因此"阿尔瓦罗·巴赞"级护卫舰的居住标准也相当高,其内部装修全部采用标准化的金属家具,达到了酒店标准。舰上还安装了现代化的厨房,可供全体舰员尽情展示各自的厨艺。食品室、碗碟储藏室、洗衣房、理发室、邮局、存储室、办公室、医务室应有尽有。

荷兰"卡雷尔·多尔曼"级护卫舰

"卡雷尔·多尔曼"（Karel Doorman）级护卫舰是荷兰研制的一款护卫舰。

侧方特写

停放在"卡雷尔·多尔曼"级护卫舰甲板上的直升机准备进行作业

基本参数

全长	122.3 米
全宽	14.4 米
吃水	6.1 米
最高航速	30 节
满载排水量	3 320 吨
相关简介	

研发历史

随着高新技术在海军中的应用，导弹垂直发射装置不断出现在美、俄等国水面舰艇上。由于这种发射装置反应快，导弹发射出去后可转向任意方向攻击，因此深受各国海军的青睐。20 世纪 90 年代，荷兰海军也将导弹垂直发射装置应用于新一级护卫舰上，即"卡雷尔·多尔曼"级。

实战性能

"卡雷尔·多尔曼"级护卫舰的主要武器包括：2 座四联装"鱼叉"舰对舰导弹发射装置、"海麻雀"Mk48 舰对空导弹垂直发射装置、1 座"奥托·梅莱拉"76 毫米紧凑型舰炮、1 座荷兰电信公司的 SGE30"守门员"近程防御武器系统、2 门"厄利空"20 毫米炮、2 具双联装 324 毫米 MK32 鱼雷发射管，用于发射霍尼韦尔公司的 MK46Mod5 鱼雷。此外，该级舰还可搭载 1 架"大山猫"直升机。

趣味小知识

"卡雷尔·多尔曼"级护卫舰以荷兰历史上一些有名的海军军官的名字命名，首舰得名于荷兰海军少将卡雷尔·多尔曼（1889 年 4 月 23 日 -1942 年 2 月 28 日），他参加了二战，在爪哇海之战中牺牲。

瑞典"斯德哥尔摩"级护卫舰

"斯德哥尔摩"（Stockholm）级护卫舰是瑞典研制的一款导弹护卫舰。

停靠在港口的"斯德哥尔摩"级护卫舰

上层建筑特写

基本参数	
全长	50米
全宽	7.5米
吃水	2.6米
最高航速	30节
满载排水量	380吨
相关简介	

研发历史

"斯德哥尔摩"级护卫舰是瑞典海军以此前"角宿"级鱼雷艇为基础而研制开发的新型护卫舰。这个研制项目也被称为"水面战斗舰艇-81"（Ytattack-81）计划。该级舰一共建造了2艘，即"斯德哥尔摩"号（K11）和"马尔默"号（K12）。

实战性能

"斯德哥尔摩"级护卫舰的主要武器包括：4座双联装萨伯RBS15Mk Ⅱ反舰导弹发射装置、1座博福斯57毫米Mk2型舰炮、1座博福斯40毫米舰炮、4具400毫米鱼雷发射管、4座萨伯ElmaLLS-920型9管反潜火箭发射装置。该级舰的电子战设备为"秃鹰"CS5460电子支援系统。

趣味小知识

"斯德哥尔摩"级2009年5月开始了执行索马里海岸外的巡逻任务。"马尔默"号表现优秀，在遇到当地海盗袭击时，鸣枪示警，并逮捕了7名海盗。

瑞典"伟士比"级护卫舰

"伟士比"(Visby)级护卫舰是瑞典海军继"斯德哥尔摩"级护卫舰之后的新型护卫舰。

舰首特写

单装57毫米Mk3舰炮

基本参数

全长	72.7米
全宽	10.4米
吃水	2.4米
最高航速	35节
满载排水量	640吨
相关简介	

研发历史

"伟士比"级护卫舰原本规划成两种专业舰型,分别用于水面战和猎潜,后来取消此设计,改为统一规格。首舰"伟士比"号于1995年2月开始建造,2000年6月下水,随后开始服役。该舰服役时只有舰炮可以使用,鱼雷的测试直到2008年才完成。

实战性能

"伟士比"级护卫舰将隐形性和网络中心战概念结合。舰壳采用"三明治"设计,中心是PVC层,外加碳纤维和乙烯合板,并且用斜角设计反射雷达波。前端57毫米舰炮可以收入炮塔中,增加了隐形能力。

趣味小知识

"伟士比"级护卫舰首舰"伟士比"号是用哥得兰岛的大城市命名的。

澳大利亚/新西兰"安扎克"级护卫舰

"安扎克"(Anzac)级护卫舰是澳大利亚和新西兰联合研制的护卫舰。

Mark 45 舰炮特写

电子设备特写

研发历史

1989年11月10日,澳大利亚海事工程联合公司作为主承包商签订了建造10艘护卫舰的合同,其中8艘为澳大利亚建造,2艘为新西兰海军建造。首舰命名为"安扎克"号,1993年11月开工,1994年9月下水,1996年5月完工服役。

基本参数	
全长	118米
全宽	14.8米
吃水	4.4米
最高航速	27节
满载排水量	3600吨
相关简介	

实战性能

"安扎克"级护卫舰的主要武器包括:8单元MK41垂直发射系统,发射"海麻雀"舰空导弹,2具三联装324毫米鱼雷发射管,发射MK46鱼雷,1座127毫米Mk 45舰炮。澳大利亚政府已经选定本国CEA技术公司的技术方案,采用一种轻型有源相控阵雷达系统以保护"安扎克"级护卫舰不受反舰巡航导弹的威胁。

趣味小知识

2005年1月22日夜间,隶属澳大利亚海军的"安扎克"级护卫舰"巴拉瑞特"号(FFH 155)在印度洋进行例行巡逻时,意外搁浅于圣诞岛附近的海域,导致推进器受损,但是没有人员伤亡。

韩国"浦项"级护卫舰

"浦项"(PoHang)级是韩国于20世纪80年代研制的轻型护卫舰。

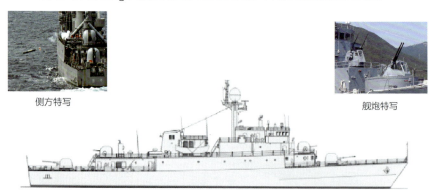

侧方特写　　　　　　　　　　　　　　　　　　舰炮特写

研发历史

"浦项"级护卫舰是韩国在役数量最多的一级护卫舰,总共建造了24艘,主要用于沿海反潜和巡逻。目前除了首舰在2009年退役,另有一艘("天安"号)在2010年沉没外,其余22艘均在役。

基本参数	
全长	88.3米
全宽	10米
吃水	2.9米
最高航速	32节
满载排水量	1 200吨

实战性能

"浦项"级护卫舰是在"东海"级的基础上改进而来的,为韩国海军最重要的近海防卫力量。反潜型的主要武器包括:2座单管76毫米"奥托"主炮、2座双管40毫米火炮、2具三联装324毫米Mk32鱼雷发射管、2座深水炸弹发射装置。反舰型的主要武器包括:1座双联装"飞鱼"反舰导弹发射架、1座单管76毫米"奥托"主炮、2座双管30毫米火炮、2具三联装324毫米Mk32鱼雷发射管、2座深水炸弹发射装置。

趣味小知识

"浦项"级护卫舰舷号为PCC-756-785,为了避免不吉利,带"0"或"4"的数字均没有使用。

日本"石狩"级护卫舰

"石狩"（Ishikari）级护卫舰是日本于20世纪70年代末研制的护卫舰。

舰首特写

雷达设备特写

研发历史

1979年5月17日，"石狩"级护卫舰正式动工。1980年3月18日下水，并于1981年3月28日正式服役。

实战性能

"石狩"级护卫舰的主要武器包括：2座四联装"鱼叉"反舰导弹发射装置、1座奥托76毫米紧凑炮、1座"密集阵"近防系统、2座三联装324毫米鱼雷发射器（发射MK46 mod 5鱼雷，射程11千米）、1座375毫米反潜深弹发射器（射程1.6千米）。该级舰的动力装置为1台川崎/劳斯莱斯公司的"奥林普斯"TM3B燃气轮机，持续功率18.4兆瓦。

基本参数	
全长	85米
全宽	10.6米
吃水	3.5米
最高航速	25.2节
满载排水量	1 600吨
相关简介	

趣味小知识

"石狩"级护卫舰被评估为排水量小，缺乏改进空间，所以并未再产，其后则由略为放大的改良版本"夕张"级护卫舰接替。

日本"夕张"级护卫舰

"夕张"(Yubari)级护卫舰是"石狩"级导弹护卫舰的后继舰种。

舰尾特写　　　　　　　　　　　　　　　　　　　上层建筑特写

研发历史

1983年开始服役的"夕张"级护卫舰是日本海上自卫队的新一代多用途导弹护卫舰,具有更高的自动化操纵能力,共建有2艘。2010年6月25日,2艘"夕张"级护卫舰同时退役。

基本参数	
全长	91米
全宽	10.8米
吃水	3.6米
最高航速	25节
满载排水量	1 690吨
相关简介	

实战性能

"夕张"级护卫舰只比"石狩"级舰身增长6米,排水量因此增加了180吨,舰上层结构更换为钢质,后甲板留有加装"密集阵"近程防御武器系统的升级空间,不过最后没有安装。

趣味小知识

"夕张"级护卫舰是日本海上自卫队"石狩"级护卫舰的后继舰种,因修改部分极小,因此和"石狩"级视为准同型舰。

日本"阿武隈"级护卫舰

"阿武隈"(Abukuma)级护卫舰是日本于20世纪80年代末开始建造的通用护卫舰。

上层建筑特写

电子设备特写

研发历史

日本海上自卫队原计划建造11艘"阿武隈"级护卫舰,后来因为"初雪"级驱逐舰服役,最终只建造了6艘,均以日本在二战中使用的巡洋舰命名。首舰"阿武隈"号于1988年3月开工建造,1988年12月下水,1989年12月开始服役。

基本参数	
全长	109米
全宽	13.4米
吃水	3.8米
最高航速	27节
满载排水量	2 550吨
相关简介	

实战性能

"阿武隈"级护卫舰装备了较先进的"鱼叉"反舰导弹、76毫米舰炮、"密集阵"近程防御系统、"阿斯洛克"反潜导弹、反潜鱼雷、电子战系统等,基本上达到世界先进驱逐舰的武器装备水平。"阿武隈"级护卫舰隐形效果较好,是日本海上自卫队第一种引入舰体隐形设计的战斗舰只。该级舰使用可变螺距的侧斜螺旋桨,可以降低转数约1/4,既减少了噪声,又提高了隐蔽性。

趣味小知识

"阿武隈"级护卫舰采用河川命名法,首舰得名于日本本州东北部的河流——阿武隈川,其主流长239千米,流经福岛县和宫城县,流域面积约5400平方千米。阿武隈川的支流众多,主要有大龙根川、白石川等。

日本"白根"级护卫舰

"白根"（Shirane）级护卫舰是日本于20世纪70年代建造的直升机护卫舰。

上层建筑特写　　　　　　　　　　　　　　　舰尾特写

研发历史

"白根"级直升机护卫舰是日本在"榛名"级护卫舰直升机护卫舰基础上改进而成的，吨位小幅增大、系统设备有所升级。该级舰有较强的反潜能力，反舰、防空能力较弱，旨在应对当时来自苏联潜艇部队日益增长的威胁。

基本参数

全长	159米
全宽	17.5米
吃水	5.3米
最高航速	31节
满载排水量	6 800吨
相关简介	

实战性能

"白根"级直升机护卫舰的舰体前部是2座127毫米火炮和反潜火箭发射机，中部是舰桥和机库形成一体化的上部构造物，后部作为飞行甲板。舰桥上部装备有2座射击指挥装置。右舷侧底部左右两侧各装备了一部近防系统，后部装有防空导弹发射装置。"白根"级护卫舰继承了"榛名"级舰体后部带有较大直升机甲板平台的传统，搭载了3架SH-60反潜直升机。该级舰是日本最后一级采用蒸汽动力的军舰，舰上装有2台蒸汽轮机。

趣味小知识

2007年12月14日，"白根"号在横须贺港内突然发生大火，舰内由于没有人值班启动第一时间灭火装置，导致大规模损害，8小时后才扑灭，船上诸多设备大规模损毁失去航行能力。

Chapter 05 护卫舰

日本"日向"级护卫舰

"日向"级护卫舰是日本最新型的一款直升机护卫舰。

方阵近迫武器系统

MV-22"鱼鹰"式倾转旋翼机

研发历史

2006年5月,"日向"级的首舰由石川岛播磨重工业株式会社横滨造船厂开工建造,2007年8月下水,2009年3月服役,命名为"日向"号,这是日本海上自卫队成立以来第一次恢复古国名的命名规则。二号舰于2008年5月开工建造,2009年8月下水,于2011年3月在吴港服役,命名为"伊势"号。

基本参数	
全长	197米
全宽	33.8米
吃水	7米
最高航速	30节
满载排水量	19 000吨
相关简介	

实战性能

"日向"级直升机护卫舰是日本在二战结束、日本海军解散后所建造过的排水量最大的军舰,其排水量甚至超过了目前世界上多艘轻型航空母舰。"日向"级护卫舰采用全通式甲板设计,可以起降直升机或垂直起降飞机,具有轻型航空母舰特征。不过,"日向"级护卫舰暂时没有安装"滑跃"式甲板或弹射装置,以起降普通固定翼飞机。

> **趣味小知识**
>
> "日向"级是日本海上自卫队隶下的大型直通甲板直升机驱逐舰,日本将其称之为"护卫舰",根据英文原名"Helicopter Destroyer"而简称为"DDH"。

日本"出云"级护卫舰

"出云"(Izumo)级护卫舰是日本新一代直升机护卫舰,从吨位、布局到功能都已完全符合现代轻型航空母舰的特征。

甲板特写

RIM-116 导弹

研发历史

2010年,日本政府正式批准了下一代"直升机护卫舰"预算,根据日本对服役前军舰的称呼惯例,该舰以平成纪年法而被暂命名为"22DDH",计划于2012年1月27日开工,2014年服役。

基本参数	
全长	248米
全宽	38米
吃水	7米
最高航速	30节
满载排水量	27 000吨
相关简介	

实战性能

"出云"级护卫舰虽然仍保持"直升机护卫舰"的定位,但其尺寸和排水量已超过了日本二战时期的部分正规航空母舰,也超过了目前意大利、泰国等国家装备的轻型航空母舰水平。"出云"级计划至少搭载20架直升机,主要是SH-60K"海鹰"反潜直升机。"出云"级护卫舰作为远洋反潜作战编队的旗舰,加入现役的"十·九"舰队后,可将反潜战斗力提升一倍,覆盖的海域也随之增加数倍。

趣味小知识

由于日本希望"出云"级的预算能控制在只比"日向"级增加11%,但"出云"级排水量却比"日向"级增加40%左右,因此"出云"级的作战装备需要经过简化,以降低成本。

印度"塔尔瓦"级护卫舰

"塔尔瓦"(Talwar)级护卫舰是俄罗斯为印度设计的护卫舰。

100 毫米舰炮特写

雷达天线特写

研发历史

"塔尔瓦"级护卫舰是利用俄罗斯"克里瓦克"Ⅲ型护卫舰为基础改进而来,首舰于 2000 年 3 月下水,2003 年 6 月开始服役。

实战性能

"塔尔瓦"级护卫舰的核心装备是"俱乐部"反潜/反舰导弹系统。它包括 3M54E 反舰导弹和配套的 3R14N-11356 舰载火控系统,安装在 3S90 导弹发射架后的 1 座八联装 KBSM3S14E 垂直发射系统内。

"塔尔瓦"级护卫舰的防御主要依赖"无风"-1 中程防空导弹系统,前部甲板还装有 1 座 A-190E 型 100 毫米高平两用主炮。近程防御由"卡什坦"系统提供。反潜武器是 1 座 RBU-6000 型 12 管反潜火箭系统,舰体中部还有 2 具双联装 DTA-53-11356 鱼雷发射管。

基本参数

全长	124.8 米
全宽	15.2 米
吃水	4.2 米
最高航速	32 节
满载排水量	4 035 吨

趣味小知识

1998 年 7 月 21 日,印度与俄罗斯签订了购买 3 艘改进型"克里瓦克"Ⅲ级护卫舰的合同,总金额近 10 亿美元。根据合同规定,这 3 艘舰全部由俄罗斯建造,而印度则根据本国海军命名习惯,将这型护卫舰称为"塔尔瓦"级导弹护卫舰。

印度"什瓦里克"级护卫舰

"什瓦里克"(Shivalik)级护卫舰是印度设计建造的大型多用途护卫舰。

军官居住室特写

基本参数	
全长	142.5 米
全宽	16.9 米
吃水	4.5 米
最高航速	32 节
满载排水量	6 200 吨
相关简介	

上层建筑特写

研发历史

为了替换 20 世纪 70 年代陆续服役的 5 艘"尼尔吉里"级护卫舰(英国授权印度建造的 12 型护卫舰),印度一方面在 1997 年向俄罗斯采购 3 艘"塔尔瓦"级护卫舰,一方面也在规划新的造舰计划,即"什瓦里克"级护卫舰。印度国会在 1997 年批准首批 3 艘"什瓦里克"级护卫舰的建造计划,1998 年 2 月将需求意向书交给马扎冈造船厂,合约总金额约 17 亿美元。首舰"什瓦里克"号(F47)于 2001 年 7 月安放龙骨,2003 年 4 月下水,2010 年 4 月正式服役。

实战性能

"什瓦里克"级护卫舰的多数舰载武器系统与"塔尔瓦"级护卫舰相同,主要区别在于舰炮与近程防御武器系统。"什瓦里克"级护卫舰舍弃了俄制 A-190E 型 100 毫米舰炮,改为意大利奥托·梅莱拉 76 毫米舰炮的超快速型,射速高达 120 发/分。"什瓦里克"级护卫舰也没有沿用"塔尔瓦"级护卫舰的俄制"卡什坦"系统,而是采用印度与以色列整合开发的弹炮合一防空系统,由 2 座 AK-630 型 30 毫米防空机炮与三十二管"巴拉克"短程防空导弹发射装置组成。

Chapter 05 护卫舰

伊朗"阿勒万德"级护卫舰

"阿勒万德"(Alvand)级护卫舰是英国为伊朗制造的轻型护卫舰。

上层建筑特写

舰首特写

研发历史

"阿勒万德"级护卫舰的首舰于 1967 年 5 月开始建造，1971 年 5 月服役。二号舰于 1968 年 3 月开始建造，1971 年 3 月服役。三号舰于 1967 年 12 月开始建造，1972 年 6 月服役。

基本参数	
全长	94.5 米
全宽	11.1 米
吃水	3.3 米
最高航速	17 节
满载排水量	1 540 吨
相关简介	

实战性能

"阿勒万德"级护卫舰的主要武器包括：1 座五联装"海杀手"Ⅱ型反舰导弹发射装置（后换装为 2 座双联装 C-802 型导弹发射装置）、1 座维克斯 Mk8 型 114 毫米主炮、1 座双联装 35 毫米"厄利空"火炮、3 座"厄利空"GAM-BO1 型 20 毫米火炮、2 挺 12.7 毫米机枪、2 具三联 324 毫米鱼雷发射管等。

趣味小知识

在海湾地区，伊朗算得上是一个海军大国。由于特殊的地理环境，伊朗一直比较注重海军实力建设。在巴列维王朝时期，伊朗从美国、英国等西方国家购买了大量的海军装备，建立起了当时海湾地区最为强大的海军。

Chapter 06

潜　艇

　　潜艇是公认的战略性武器，其研发需要高度和全面的工业能力，目前只有少数国家能够自行设计和生产。自一战后，潜艇得到广泛运用，担任许多大国海军的重要位置，其功能包括攻击敌人军舰或潜艇、近岸保护、突破封锁、侦察和掩饰特种部队行动等。

美国"伊桑·艾伦"级潜艇

"伊桑·艾伦"(Ethan Allen)级潜艇是美国第二代弹道导弹核潜艇。

停在海军基地的"伊桑·艾伦"级潜艇

正在潜行的"伊桑·艾伦"级潜艇

基本参数	
全长	125米
全宽	10.1米
吃水	9.8米
最高航速	21节
满载排水量	7 900吨
相关简介	

研发历史

"伊桑·艾伦"级潜艇在美国海军弹道导弹核潜艇的发展中,起到了承上启下的作用。由于该级艇的设计和建造,使得美国海军的弹道导弹核潜艇技术从"乔治·华盛顿"级平稳地过渡到"拉斐特"级,为完成美国海军"北极星"计划的全部过程发挥了关键的衔接作用。该级潜艇从1961年开始建造,到1967年建造结束。

实战性能

"伊桑·艾伦"级潜艇的耐压艇体采用了HY-80高强度钢,使其最大下潜深度可以达到300米。这个下潜深度成为其后美国海军各种型号弹道导弹核潜艇的标准下潜深度。该级潜艇装有4具533毫米鱼雷发射管,左右各2具布置。导弹舱内装有16枚"北极星"A2弹道导弹,后改装"北极星"A3型导弹。

趣味小知识

"伊桑·艾伦"级潜艇的命名是为了纪念美国独立战争时期的传奇英雄伊桑·艾伦。

美国"拉斐特"级潜艇

"拉斐特"(Lafayette)级潜艇是美国研制的第三代弹道导弹核潜艇。

正在潜行的"拉斐特"级潜艇

垂直发射系统

研发历史

1960年9月,美国防部决定在"北极星"A2的基础上继续研制射程为4600千米的"北极星"A3潜射弹道导弹。与此同时,"拉斐特"级潜艇的设计工作也基本进尾声。1961年1月17日,"拉斐特"级的首艇开工建造,1963年开始服役。

基本参数	
全长	129.5米
全宽	10.1米
吃水	10米
最高航速	25节
满载排水量	8 250吨
相关简介	

实战性能

"拉斐特"级潜艇除装备16枚弹道导弹外,还携载12枚鱼雷用于自卫,均由位于艇首的4具533毫米鱼雷发射管发射。"拉斐特"级前8艘装备的是16枚"北极星"A2导弹,后23艘装备"北极星"A3导弹。后来由于反弹道导弹武器的出现,美国海军决定将"拉斐特"级潜艇全部改为装备"海神C-3"多弹头分导重返大气层弹道导弹。1978-1982年,美国海军又将12艘该级艇改装为装备"三叉戟"I型弹道导弹。

趣味小知识

"拉斐特"级采用历史名人命名,"拉斐特"是一位法国贵族,曾参与美国独立战争,"拉斐特"级护卫舰就是以他的名字命名。

Chapter 06 潜　艇

美国"鲟鱼"级潜艇

"鲟鱼"（Sturgeon）级潜艇是美国研制的第四代攻击核潜艇。

指挥室特写

后侧方特写视角

研发历史

20世纪60年代，美国在"长尾鲨"级攻击核潜艇失事沉没后，为了补足其数量，并为当时的"小鹰"级航空母舰护航，研制了"鲟鱼"级潜艇。1961–1975年，一共建成服役了37艘。

基本参数	
全长	89.1米
全宽	9.1米
吃水	9.1米
最高航速	26节
满载排水量	4 640吨
相关简介	

实战性能

"鲟鱼"级潜艇采用先进的水滴形艇形，但艇体比以往的攻击型潜艇大，指挥台围壳较高，围壳舵的位置较低，这样可提高潜艇在潜望镜深度的操纵性能。"鲟鱼"级潜艇可在北极冰下活动，配有1部探冰声呐。为了有利于上浮时破冰，可将围壳舵折起。该级艇装有4具鱼雷发射管，可发射"战斧"巡航导弹、"鱼叉"反舰导弹、"萨布洛克"反潜导弹和Mk48鱼雷等。

趣味小知识

1995年以后，"鲟鱼"级连续数年前往北冰洋从事北极海域的海洋水文调查活动。"鲟鱼"级在服役期中，部分艇还被改装成蛙人运输艇或深海救生艇母艇。

美国"洛杉矶"级潜艇

"洛杉矶"(Los Angeles)级潜艇是美国研制的第五代攻击核潜艇。

导弹垂直发射系统

侧后方视角

研发历史

20世纪60年代中期,苏联研制出"维克托"级攻击型核潜艇。与此同时,美国也开始发展新型核潜艇。1964年,美国开始研究SSN688级高速核潜艇,最终定名为"洛杉矶"级,并于1968年正式开始研制工作。首艇"洛杉矶"号于1972年2月开工,1976年11月服役。

基本参数	
全长	110.3米
全宽	10米
吃水	9.9米
最高航速	32节
满载排水量	6 927吨
相关简介	

实战性能

"洛杉矶"级潜艇在舰体中部设有4具533毫米鱼雷发射管,可发射"鱼叉"反舰导弹、"萨布洛克"反潜导弹、"战斧"巡航导弹以及传统的线导鱼雷等。

从"普罗维登斯"号开始的后31艘潜艇又加装了12具垂直发射器,可在不减少其他武器数量的情况下,增载12枚"战斧"巡航导弹。此外,该级艇还具备布设Mk67触发水雷和Mk60"捕手"水雷的能力。

趣味小知识

1987年7月以来,"洛杉矶"级"奥古斯塔"号一直被美国海军作为BQG-5D型宽孔径被动舷侧基阵声呐的试验潜艇。

美国"俄亥俄"级潜艇

"俄亥俄"(Ohio)级潜艇是美国发展的第四代弹道导弹核潜艇。

正浮出水面

后方特写

研发历史

首艇"俄亥俄"号于1976年4月开始建造,1979年4月下水,1981年11月正式服役,1982年1月发射第一枚导弹,并在同年10月作首次的战斗部署。1997年9月,该级潜艇完成了全部18艘的建造计划。

实战性能

每艘"俄亥俄"级潜艇设有24具垂直导弹发射筒,其中前8艘装载"三叉戟"Ⅰ型(C4)导弹,到第9艘"田纳西"号时则改为"三叉戟"Ⅱ型导弹(射程12 000千米,每枚导弹可携带8~12个威力为100千吨或300~475千吨TNT当量的分导式多弹头,圆概率偏差90米),前8艘后来也改用"三叉戟"Ⅱ型导弹。

基本参数	
全长	170米
全宽	13米
吃水	11.8米
最高航速	20节
满载排水量	18 750吨
相关简介	

趣味小知识

"俄亥俄"级潜艇经常成为小说和电影中的重要角色。其中,"阿拉巴马"号是电影《赤色风暴》的主要背景,电影讲述了该潜艇由于受到攻击而无法顺利接收到总部传递的是否发射潜射弹道导弹的命令,最终导致一场发生于舰长和副舰长之间的兵变冲突的故事。

美国"海狼"级潜艇

"海狼"(Seawolf)级潜艇是美国研制的攻击核潜艇,静音性能较佳。

停在港口的"海狼"级潜艇

士兵检查"海狼"级潜艇的鱼雷发射器

研发历史

为了保持攻击核潜艇的优势,美国海军从20世纪80年代中期就开始研制替代"洛杉矶"级的"海狼"级攻击核潜艇,并于1989开始建造。由于造价太高,前两艘平均造价20多亿美元,因此只被批准建3艘。

基本参数

基本参数	
全长	107.6米
全宽	12.2米
吃水	10.7米
最高航速	35节
满载排水量	9 142吨
相关简介	

实战性能

由于应用了现代最新技术,"海狼"级潜艇在动力装置、武器装备和探测器材等设备方面,堪称世界一流。该级艇外形为长宽比7.7∶1的水滴形,接近最佳长宽比,其下潜深度达到了610米,原因在于它的艇壳使用的材料是HY-100高强度钢。它配有能透过冰层的侦测装置,可在北极冰下海区执行作战任务。

趣味小知识

"海狼"级潜艇由于建造期间苏联解体,冷战结束。美国军事预算缩水,国防工业普遍不景气,加之革新技术运用较多,技术经验匮乏,导致建造期间事故频发,预算超标,致使原本预计建造29艘的"海狼"级只建造了3艘便宣告停工。

美国"弗吉尼亚"级潜艇

"弗吉尼亚"(Virginia)级潜艇是美国海军在建的最新一级多用途攻击型核潜艇。

前方特写

瞭望台特写

研发历史

"弗吉尼亚"级潜艇是美国海军有史以来第一种以执行"濒海作战"任务为主、兼顾大洋作战的多功能潜艇,首批造4艘,1999年开工。4艘艇被分别命名为"弗吉尼亚"号、"得克萨斯"号、"夏威夷"号和"北卡罗来纳"号,分别于2004年、2006年、2007年和2008年交付。

基本参数

全长	115米
全宽	10.4米
吃水	10.1米
最高航速	30节
满载排水量	7 928吨
相关简介	

实战性能

"弗吉尼亚"级潜艇装备有12个"战斧"巡航导弹的垂直发射筒,可发射射程为2 500千米的对陆攻击型"战斧"巡航导弹,能够对陆地纵深目标实施打击。该级潜艇还装备了4具533毫米鱼雷发射管,发射管具有涡轮气压系统,免除了发射前需要注水而会产生噪声的老问题。这4具鱼雷发射管不但可以发射MK48型鱼雷、"鱼叉"反舰导弹以及布放水雷,还可以发射、回收水下无人驾驶遥控装置,以及无人空中飞行器。

> **趣味小知识**
>
> "弗吉尼亚"级潜艇采用地名命名法,大多以美国各州为命名依据,其中弗吉尼亚位于美国东部大西洋沿岸,是美国最初的十三州之一,首府为里士满。

俄罗斯"杨基"级潜艇

"杨基"(Yankee)级潜艇是俄罗斯第二代弹道导弹核潜艇。

废弃的"杨基"级潜艇

剖面特写

研发历史

"杨基"级潜艇从1962年开始研究,首艇于1964年11月开始建造,1968年正式服役。在所有的"杨基"级潜艇中,只有这一艘没有在耐压艇体上安装消声瓦。该级潜艇共有3个型号,包括"杨基"Ⅰ级、"杨基"Ⅰ级改进型以及"杨基"Ⅱ级。

基本参数	
全长	128米
全宽	11.7米
吃水	7.8米
最高航速	28节
满载排水量	10 020吨
相关简介	

研发历史

"杨基"级潜艇是俄罗斯第一种能够与美国战略潜艇在导弹装载量上媲美的弹道导弹核潜艇,"杨基"Ⅰ级可携带16枚弹道导弹。"杨基"级采用了消音装置技术,比"旅馆"级潜艇更安静,但是噪声依然比当时北约的潜艇大。

趣味小知识

"杨基"级潜艇称得上是俄罗斯第一级现代化的弹道导弹核潜艇,其性能可与美国的第二代同类潜艇相媲美。

Chapter 06 潜艇

俄罗斯"德尔塔"级潜艇

"德尔塔"（Delta）级潜艇是俄罗斯建造的第二代弹道导弹核潜艇。

"德尔塔"级潜艇和艇员的合影

后侧方特写

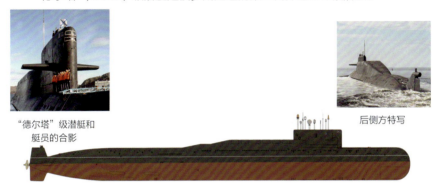

研发历史

"德尔塔"级潜艇由红宝石设计局设计，有4种外形相似，但又各有不同的艇型。目前，"德尔塔"Ⅰ级和"德尔塔"Ⅱ级已全部退役，"德尔塔"Ⅲ、Ⅳ级仍然属于现役潜艇。其中"德尔塔"Ⅳ级是俄罗斯弹道导弹潜艇中出勤率和妥善率最高的艇级，共建造7艘，6艘为现役并参与战略任务。

基本参数	
全长	167米
全宽	12米
吃水	9米
最高航速	24节
满载排水量	19 000吨
相关简介	

实战性能

"德尔塔"Ⅳ级潜艇装备16发P-29PM潜射弹道导弹，装载在D-9PM型发射筒内。该级潜艇还可以使用SS-N-15"海星"反舰导弹，这种导弹速度为200节，射程为45千米，可以装配核弹头。"德尔塔"Ⅳ级潜艇可以在6~7节航速、55米深度的情况下连续发射出所有的导弹，并且可以在任何航向下，以及一定的纵向倾斜角度下发射导弹。此外，该级艇还装备了4具533毫米鱼雷发射管，并安装了自动鱼雷装填系统。

趣味小知识

"德尔塔"级核潜艇是苏联建造的"德尔塔"Ⅰ至Ⅳ级导弹核潜艇中的总称。如果将"德尔塔"Ⅰ至Ⅳ算作一个级别，那"德尔塔"级是俄罗斯建造数量最多的弹道导弹核潜艇。

俄罗斯"台风"级潜艇

"台风"(Typhoon)级潜艇是苏联研制的弹道导弹核潜艇。

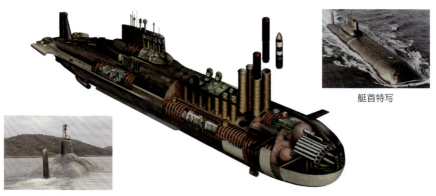

艇首特写

后方特写

研发历史

首艘"台风"级潜艇于 1977 年开始建造,1980 年 9 月下水,1982 年在苏联海军正式服役。苏联曾准备大量建造"台风"级潜艇,但因为经济原因不得不放弃。2004 年,俄罗斯决定彻底拆解 6 艘"台风"级潜艇中 1 艘现役艇和 2 艘退役艇,仅保留 1 艘用于战备,并修复 1 艘用作弹道导弹的发射试验平台。

基本参数	
全长	171.5 米
全宽	25 米
吃水	17 米
最高航速	25 节
满载排水量	48 000 吨
相关简介	

实战性能

"台风"级设有 20 具导弹发射管、2 具 533 毫米鱼雷发射管、4 具 650 毫米鱼雷发射管,可发射 SS-N-16 反潜导弹、SS-N-15 反潜导弹、SS-N-20 弹道导弹,以及常规鱼雷和"风暴"空泡鱼雷等。它可以同时齐射 2 发 SS-N-20 弹道导弹,这是世界上其他任何级别的弹道导弹潜艇都无法做到的。

趣味小知识

"台风"级潜艇不像大多数西方人所想象的苏联武器一般都不注重士兵舒适度,它是少数在设计时就考虑到空调设备的苏俄潜艇,为每位水兵提供了约 3 平方米的"休息空间",艇上还有游泳池和健身房。

Chapter 06 潜　　艇

俄罗斯"奥斯卡"级潜艇

"奥斯卡"（Oscar）级潜艇是俄罗斯研制的巡航导弹核潜艇，是俄罗斯海军目前最先进的攻击型潜艇。

艇首特写

拆卸后的"奥斯卡"级潜艇

研发历史

"奥斯卡"级潜艇首艇于1980年下水，前2艘称"奥斯卡"Ⅰ型（O-Ⅰ型），第3艘以后称"奥斯卡"Ⅱ型（O-Ⅱ型），到1996年，2艘O-Ⅰ型已经全部退役，目前在役的有O-Ⅱ型10艘，还有1艘在建。

基本参数	
全长	155米
全宽	18.2米
吃水	9米
最高航速	32节
满载排水量	19 400吨
相关简介	

实战性能

"奥斯卡"级潜艇共装24枚SS-N-19反舰导弹，最大射程550千米。该级艇上还装有鱼雷发射管，可发射53型鱼雷和65型鱼雷。另外，它也可以使用SS-N-15型和SS-N-16型反潜导弹攻击敌方潜艇。该潜艇还可用65型反舰鱼雷进行对舰攻击。该鱼雷采用主/被动声自导和尾流制导，可携带核弹头。

趣味小知识

"奥斯卡"级核潜艇是在俄罗斯的前几级巡航导弹核潜艇的基础研制而成的。它的主要作战使命是在靠近苏联的海域攻击敌方的大型航母作战编队，占据航母编队航线的前方阵地在导弹的最大射程内以大量反舰导弹毁灭性攻击敌航母编队。

俄罗斯"十一月"级潜艇

"十一月"（November）级潜艇是苏联海军第一种核动力潜艇。

已经报废的"十一月"级潜艇

上方视角

研发历史

"十一月"级潜艇于1952年开始研发。当时苏联认为核潜艇诞生之后会给苏联海军带来质的影响，于是在1952年启动了"鲸鱼"计划，即研究苏联的核潜艇。该级的K-8号潜艇于1970年在比斯开湾因事故沉没，其余12艘在1987—1991年退役。

基本参数	
全长	109.8米
全宽	8.3米
吃水	5.8米
最高航速	30节
满载排水量	4 380吨
相关简介	

实战性能

"十一月"级潜艇采用双壳体结构，与美国潜艇不同的是，美国潜艇的舱室较大，数量较少，储备浮力也小，而苏联的潜艇舱室则比较小，数量比较多，储备浮力很大。苏联潜艇的这种设计一直持续到现在。这种设计的最大好处就是抗沉性强，潜艇结构强度也较大，但缺点则在于排水量较大以及由大排水量所带来的阻力大、噪声大和航速慢。

趣味小知识

"十一月"级潜艇名称里的"十一月"，指的是俄国十月革命（旧俄历十月是公历的十一月）。

俄罗斯"维克托"级潜艇

"维克托"(Victor)级潜艇是苏联研制的第二代攻击核潜艇。

后侧方特写

船坞中的"维克托"级潜艇

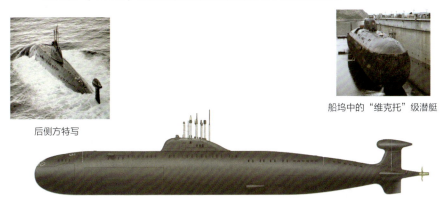

研发历史

1959年,美国第一艘弹道导弹核潜艇"乔治·华盛顿"号开始服役,苏联不得不重新考虑海上战略,将此前不重视的反潜作战摆到重要位置。在这样的情况之下,用于反潜作战的"维克托"级攻击核潜艇便应运而生。

基本参数	
全长	94米
全宽	10.5米
吃水	7.3米
最高航速	32节
满载排水量	5 300吨
相关简介	

实战性能

"维克托"级潜艇装备了4具533毫米和2具650毫米鱼雷发射管,可以发射53型鱼雷和65型鱼雷,以及SS-N-15和SS-N-16反潜导弹等。此外,该艇还可以携带射程为3 000千米的SS-N-21远程巡航导弹,战斗部为20万吨TNT当量的核弹头或500千克烈性炸药的常规弹头,其巡航高度为25~200米,能够攻击敌方陆上重要目标。

趣味小知识

"维克托"级潜艇进行了大量的越洋航行,包括在北冰洋冰盖下的海域内巡弋,以寻找可能出现的美国弹道导弹核潜艇,通常是从位于巴伦支海的基地前往堪察加半岛。

俄罗斯"阿尔法"级潜艇

"阿尔法"(Alfa)级潜艇也是苏联研制的第二代攻击核潜艇。

后侧方特写

"阿尔法"级潜艇正在执行作业

研发历史

"阿尔法"级潜艇由苏联的孔雀石设计局设计,又叫A级潜艇。该级艇在苏联海军内部的代号为"天琴座",设计编号是705。该级艇于1968年开始建造,到1981年时建造了两批,一共有7艘。

基本参数

全长	81.5米
全宽	9.5米
吃水	7.5米
最高航速	40节
满载排水量	3 600吨
相关简介	

实战性能

"阿尔法"级潜艇装有6具533毫米鱼雷发射管,可以发射53型两用鱼雷、SS-N-15反潜导弹以及水雷等。该级艇的电子设备主要有"魔头"水面搜索雷达、"鲨鱼鳃"和"鼠叫"声呐、"秃头"和"砖群"电子支援设备、"园林灯"警戒雷达等。"阿尔法"级的最大潜深达914米,仅次于"麦克"级的1 000米。"阿尔法"级潜艇的水下航速也高达42节,在世界核潜艇中位列前茅。

趣味小知识

"阿尔法"级潜艇自20世纪70年代初出现后,引起了全世界广泛的关注,自设计建造到服役使用一直充满了争议,也被称为是"超越时代的核潜艇",在苏联潜艇建造史上具有划时代的意义。

Chapter 06 潜 艇

俄罗斯"基洛"级潜艇

"基洛"级潜艇是目前俄罗斯海军的主要常规潜艇,有"大洋黑洞"之称。

停在港口的"基洛"级潜艇

艇首特写

研发历史

自二战以来,苏联一共研制了五代 10 级近 100 艘常规潜艇。"基洛"级是第五代,也是现役最新一代常规潜艇。1974 年,红宝石设计局开始设计"基洛"级潜艇,1979 年首艇"基洛"号潜艇下水,1982 年服役。

基本参数	
全长	73.8 米
全宽	9.9 米
吃水	16.6 米
最高航速	25 节
满载排水量	3 076 吨
相关简介	

实战性能

"基洛"级潜艇的艇首配有 6 具 533 毫米鱼雷发射管,可发射 53 型鱼雷、SET-53M 鱼雷、SAET-60M 鱼雷、SET-65 鱼雷、71 系列线导鱼雷等,改进型和印度出口型还可以通过鱼雷管发射"俱乐部-S"潜射反舰导弹。"基洛"级艇内共配备 18 枚鱼雷,并有快速装雷系统。6 具发射管可在 15 秒内完成射击,两分钟后再装填完毕,以实施第二轮打击。"基洛"级的最大特点便是优异的安静性,其设计目标就将安静性置于快速性之上,通过各种措施将噪声降到了 118 分贝。

趣味小知识

21 世纪初,俄罗斯海军推出了新的"拉达"级常规动力潜艇,但其建造测试工作极不顺利,首艇"圣彼得堡"号开工后 13 年才得以服役,且仍有许多问题迟迟无法解决。为此,俄罗斯不得不设法延长现役"基洛"级潜艇的服役期,甚至开始新造改进型的"基洛"级潜艇。

俄罗斯"阿库拉"级潜艇

"阿库拉"(Akula)级潜艇也是苏联海军的第四代攻击核潜艇。

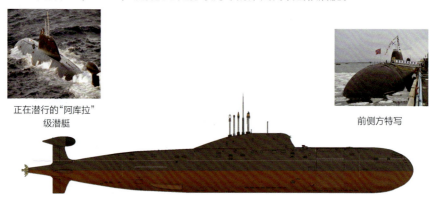

正在潜行的"阿库拉"级潜艇

前侧方特写

研发历史

"阿库拉"级总共有 3 个型,分别是"阿库拉"Ⅰ型、"阿库拉"Ⅱ型和"阿库拉"Ⅲ型。其中,"阿库拉"Ⅲ型的建造已经是苏联解体之后了,已知建造了 4 艘,而该型潜艇也是苏联研制的最后一型潜艇。

基本参数	
全长	110 米
全宽	13.5 米
吃水	9 米
最高航速	33 节
满载排水量	12 770 吨
相关简介	

实战性能

"阿库拉"级核潜艇采用良好的水滴外形,并采用了双壳体结构,里面一层艇壳为钛合金制造的耐压壳体,这种耐压壳能保证"阿库拉"级核潜艇能下潜到 650 米深的海底,而当时一般的潜艇最多只能下潜到 600 米。在"亚森"级潜艇服役前,"阿库拉"级潜艇是苏联最安静的潜艇。

趣味小知识

"阿库拉"级核潜艇虽然设计于冷战时期,但由于其超前的设计和强大的作战能力,直到进入 21 世纪仍然是俄罗斯海军攻击核潜艇部队的主力。

俄罗斯"塞拉"级潜艇

"塞拉"(Sierra)级潜艇是苏联研制的一款第三代攻击核潜艇。

正在潜行的"塞拉"级潜艇

停靠在海军基地的"塞拉"级潜艇

研发历史

"塞拉"级潜艇也叫S级潜艇,一共建造了4艘,曾被北约海军视为"冷战"时期的主要对手,目前仍在服役。

实战性能

"塞拉"级潜艇装备的武器种类众多,包括SS-N-16型反潜导弹、SS-N-15型反潜导弹、SS-N-21型远程巡航导弹以及53型、65型鱼雷和各种水雷等,而且携带数量也较多。"塞拉"级潜艇的动力主要由2座压水堆反应堆提供,其单堆输出功率为200兆瓦,回路采用的是2台涡轮发动机。另外,艇上还有2套柴油发电机组和2组蓄电池作为备用,可以保证潜艇在应急和事故状态下的辅助用电,并推动潜艇应急航行。

基本参数

全长	107米
全宽	12.2米
吃水	8.8米
最高航速	35节
满载排水量	8 200吨
相关简介	

趣味小知识

在众多型号中,"塞拉"级潜艇可以说是最"神秘"的,也是综合性能最好的一型艇。然而综合种种因素,"塞拉"级潜艇因其太过"贵族化"而使建造计划被终止,最终再也没有发展建造的机会。

俄罗斯"拉达"级潜艇

"拉达"(Lada)级潜艇是俄罗斯自苏联解体后研制的第一级柴电潜艇。

停在港口的"拉达"级潜艇

潜艇模型

基本参数	
全长	72米
全宽	7.1米
吃水	6.5米
最高航速	21节
满载排水量	2 700吨
相关简介	

研发历史

"拉达"级潜艇的研制工作可追溯到20世纪80年代末。1989年,苏联海军委托红宝石设计局设计第四代常规潜艇。由于苏联的解体,俄罗斯需求大大减少,红宝石设计局把目光投向国外。基于这种想法,根据不同用户需求,红宝石设计局最终完成了"拉达"级潜艇的设计工作。

实战性能

"拉达"级潜艇装有6具鱼雷发射管,武器载荷为18枚。该级艇在设计上有诸多创新,其中包括1套基于现代数据总线技术的自动化指挥和武器控制系统、1套包含拖曳阵在内的声呐装置以及"基洛"级潜艇上的降噪技术。红宝石设计局同时也开发了AIP推进模块,可根据用户的需要进行安装。对外出口型还可在水平舵后加装一个垂直发射舱,可以容纳8具垂直发射管,发射"布拉莫斯"反舰导弹。

趣味小知识

2013年6月1日俄塔社(俄罗斯最大的国家级通讯社)报道,由红宝石设计局设计的"不依赖空气推进"系统将于2016年生产出第一个全尺寸/分段样机,预计2017年该系统将安装在"拉达"级潜艇的首艇上。

Chapter 06 潜艇

俄罗斯"亚森"级潜艇

"亚森"（Yasen）级潜艇是俄罗斯研制的新型攻击核潜艇。

潜行中的"亚森"级潜艇

侧方特写

基本参数	
全长	120 米
全宽	15 米
吃水	8.4 米
最高航速	28 节
满载排水量	13 800 吨
相关简介	

研发历史

由于"阿库拉"级潜艇的设计目的是用于深海作战，但在浅海作战便有些力不从心。为此，俄罗斯海军便决定生产一种能够和美国最先进的"弗吉尼亚"级、"海狼"级潜艇对抗的核动力潜艇。"亚森"级潜艇便在此背景下研制而成。首艇"北德文斯克"号于1993年12月开工，2010年6月下水，2013年12月开始服役。截至2016年11月，二号艇已经下水，三号艇至六号艇也已开工建造。

实战性能

"亚森"级潜艇在艇首装备了4具650毫米和2具533毫米鱼雷发射管，可以发射65型和53型鱼雷、SS-N-15反潜导弹等武器。此外，该艇还在指挥台围壳后面的巡航导弹舱，布置了8个用于发射SS-N-27巡航反舰导弹的垂直发射管。SS-N-27巡航导弹的最大飞行速度为2.5马赫，最大射程超过3 000千米，命中精度为4～8米。直到现在，世界各国还没有能够有效对付这种导弹的方法和武器，它是有效的航母杀手之一。

> **趣味小知识**
>
> 2010年6月15日，时任俄罗斯总统的梅德韦杰夫在北德文斯克市参加了"北德文斯克"号潜艇的下水仪式，他表示"亚森"级潜艇将加强俄罗斯海军水下力量及防御能力，强化俄罗斯海军的地位。

俄罗斯"北风之神"级潜艇

"北风之神"（Borei）级潜艇是由红宝石设计局设计的俄罗斯第五代弹道导弹核潜艇。

停在港口的"北风之神"级潜艇

"北风之神"级潜艇的甲板

基本参数	
全长	170 米
全宽	13 米
吃水	10 米
最高航速	27 节
满载排水量	17 000 吨
相关简介	

研发历史

1996 年由俄罗斯红宝石设计局开始研制，首舰"尤里·多尔戈鲁基"号于 1996 年 12 月 25 日开始建造，2007 年 4 月 15 日出厂。"北风之神"意为希腊神话中的北风之神，俄方代号为 955 级（原为 935 级），俄罗斯称其为"水下核巡洋舰"。

实战性能

"北风之神"级潜艇的首艇上装有 16 个导弹发射筒、12 枚 SSNX-30"圆锤 M"洲际导弹，导弹舱设在指挥台围壳之后。后期服役的同型潜艇完整配备 16 枚"圆锤 M"导弹。常规自卫武器方面，"北风之神"级装备了 4～6 具 533 毫米鱼雷发射管，可发射 16 枚鱼雷和 SS-N-15 型反潜导弹，同时还配备了 SA-N-8 型近程舰空导弹，自身防卫作战能力极为强悍。此外，俄罗斯海军还在考虑装备速度达 200 节的"暴风"高速鱼雷，这种鱼雷不仅能有效地反潜，而且还能反鱼雷。

趣味小知识

"北风之神"级潜艇的首艇以尤里·多尔戈鲁基（1099-1157 年）的名字命名，他是基辅大公弗拉基米尔·莫诺马赫的第七个儿子，被认为是莫斯科这个古老城市的奠基人。

Chapter 06 潜　　艇

俄罗斯"高尔夫"级潜艇

"高尔夫"(Golf)级潜艇是世界上第一级弹道导弹潜艇,也是全世界唯一一级柴电动力的弹道导弹潜艇。

正在潜行的"高尔夫"级潜艇

侧方特写

研发历史

"高尔夫"级潜艇由"祖鲁"级潜艇发展而来,总共建造了23艘。随着苏联弹道导弹的不断改进,"高尔夫"级潜艇也不断进行着脱胎换骨的改装。

实战性能

基本参数	
全长	98.9米
全宽	8.2米
吃水	8.5米
最高航速	12节
满载排水量	3 553吨
相关简介	

"高尔夫"级潜艇装有6具533毫米鱼雷发射管,3座P-13弹道导弹发射装置。该级艇的动力装置包括3台柴油机和3台推进电机,采用三轴推进方式。在"高尔夫"级所有改型中,Ⅳ型的意义最为重大,因为在此之前的型号都只能在水面发射导弹,Ⅳ型是为了水下发射导弹而进行改装设计的。

趣味小知识

作为俄罗斯第一级弹道导弹潜艇,"高尔夫"级潜艇除了常规的战备以外也被赋予为辅助后续弹道导弹潜艇的研制上的使命。

157

英国"勇士"级潜艇

"勇士"（Valiant）级潜艇是英国研制的第一代攻击核潜艇。

潜行中的"勇士"级潜艇

前侧方特写

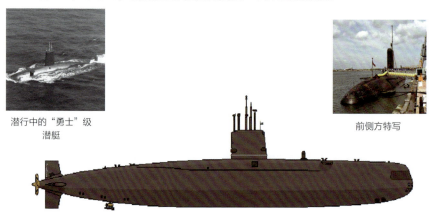

研发历史

"勇士"级潜艇于 1966-1971 年共服役 5 艘，服役期间均有不凡的表现。1982 年 5 月的英阿马岛海战中，"征服者"号用鱼雷在 15 分钟内击沉了阿根廷海军的"贝尔格拉诺将军"号巡洋舰，这是世界海军作战史上核动力潜艇首次击沉敌方水面战舰。

基本参数	
全长	86.9 米
全宽	10.1 米
吃水	8.2 米
最高航速	30 节
满载排水量	4 900 吨
相关简介	

实战性能

"勇士"级潜艇的主要武器为艇首的 6 具 533 毫米鱼雷管，可发射总数多达 32 枚的"鱼叉"导弹和"虎鱼"MK24-2 型鱼雷。

趣味小知识

1967 年，"勇士"号从新加坡潜航返回英国，创造了皇家海军新的航海纪录，在水下航行了 12 000 海里，创下了英国海军潜艇水下连续航行 25 天的纪录。

英国"决心"级潜艇

"决心"(Resolution)级潜艇是英国研制的第一代弹道导弹核潜艇。

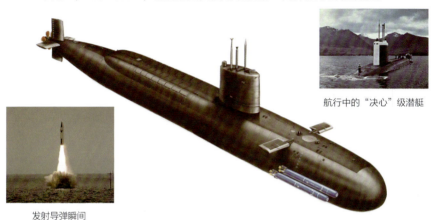

航行中的"决心"级潜艇

发射导弹瞬间

研发历史

20世纪60年代,英国在总结"无畏"号核潜艇建造经验和"勇士"级攻击核潜艇设计的基础上,研制出其第一代弹道导弹核潜艇——"决心"级潜艇。

该级艇共建4艘,分别为"决心"号、"声望"号、"反击"号和"复仇"号。"决心"级潜艇在"冷战"期间大显身手,共出海巡逻担负战斗值班任务229次。

基本参数	
全长	129.5米
全宽	10.1米
吃水	9.1米
最高航速	25节
满载排水量	8 500吨
相关简介	

实战性能

"决心"级潜艇的指挥台围壳后部配有16具导弹发射筒,用来发射从美国购买的16枚射程为4 630千米的"北极星"A3导弹。A3导弹有3个由英国自制的20万吨TNT当量分导弹头,弹头上装有一种突防装置,以克服反弹道导弹的防御。

趣味小知识

"决心"级战略核潜艇与英国第一艘核潜艇"无畏"级不同,其艇体和动力装置完全由英国自行研制,技术水平与美国同期装备的弹道导弹核潜艇相当,但"决心"级所携带的弹道导弹仍需从美国引进。

英国"敏捷"级潜艇

"敏捷"(Swiftsure)级潜艇是英国研制的第二代攻击核潜艇。

后侧方特写

艇员在"敏捷"级潜艇眺望台上侦察

研发历史

"敏捷"级潜艇主要用于发现并摧毁敌方潜艇、护卫战略弹道导弹潜艇,必要时也可用来攻击地面目标。该级潜艇共建6艘,首艇于1973年服役。

实战性能

与英国第一代攻击核潜艇"勇士"级相比,"敏捷"级的艇体显得丰满、稍短,前水平舵靠前,少一具鱼雷管,下潜深度和航速增加。"敏捷"级潜艇装备的武器有休斯公司的"战斧"潜射型巡航导弹,麦道公司的潜射"鱼叉"导弹,此外,还有马可尼公司的"旗鱼"线导鱼雷、"虎鱼"鱼雷等。

基本参数

全长	82.9米
全宽	9.8米
吃水	8米
最高航速	30节
满载排水量	4 900吨

相关简介

趣味小知识

"敏捷"级是皇家海军最新及隐形性能最好的攻击型核动力潜艇,外围以三万九千块隔音板覆盖,可偷偷接近敌人的战船和潜艇。

英国"特拉法尔加"级潜艇

"特拉法尔加"(Trafalgar)级潜艇是英国第三代攻击核潜艇。

"特拉法尔加"级潜艇在结冰海域中航行

"特拉法尔加"级潜艇进行反潜演习

▍研发历史

1969 年,英国开始建造"敏捷"级攻击核潜艇,前两艘服役后反响颇佳,随后英国开始研究其后继型。当苏联"阿尔法"级攻击核潜艇出现后,英国更加快了这一计划。1976 年末,英国宣布正式开始研制"特拉法尔加"级攻击核潜艇。首艇"特拉法尔加"号于 1979 年 4 月开工建造,1983 年 5 月服役,直到 1991 年共建造了 7 艘。

基本参数	
全长	85.4 米
全宽	9.8 米
吃水	9.5 米
最高航速	32 节
满载排水量	5 208 吨
相关简介	

▍实战性能

"特拉法尔加"级潜艇具有反潜、反舰和对陆攻击的全面作战能力,其艇首装有 5 具 533 毫米鱼雷发射管,可发射"战斧"巡航导弹、"鱼叉"反舰导弹、"矛鱼"鱼雷和"虎鱼"鱼雷,不携带鱼雷时可载 50 枚 MK5"石鱼"或 MK6"海胆"水雷。该级艇的排水量仅为美国"洛杉矶"级的 75%,但反潜、反舰和对陆攻击能力却与"洛杉矶"级不相上下。

趣味小知识

冷战期间,"特拉法尔加"级潜艇的主要任务是在北大西洋冰下工作,监视苏联潜艇的行动。在利比亚巡逻期间,曾发射导弹为北约行动进行掩护。

英国"拥护者"级潜艇

"拥护者"(Upholder)级潜艇是英国在20世纪70年代末期研制的常规潜艇。

前侧方特写

后侧方特写

研发历史

20世纪70年代末期,英国海军产生了对新潜艇的需求,并于1979年展开了最初称为"2400式",后改名为"拥护者"的计划。"拥护者"级潜艇是英国最后一级服役的常规潜艇。1988年,该级艇转售给加拿大海军,并改名为"维多利亚"级。

实战性能

"拥护者"级潜艇装有6座533毫米鱼雷发射管,搭载的鱼雷为"虎鱼"Mk 24线导鱼雷,也可选用较复杂且较快速的"剑鱼"鱼雷。"拥护者"级潜艇还装备了麦克唐纳·道格拉斯公司研制的潜射"鱼叉"反舰导弹,采用主动雷达寻的,射程达130千米。

基本参数	
全长	70.3米
全宽	7.6米
吃水	5.5米
最高航速	20节
满载排水量	2 455吨
相关简介	

趣味小知识

2004年10月5日,最后一艘交给加拿大海军的"拥护者"号(加拿大海军重新命名为"希库蒂米"号)在从英国到加拿大的途中发生火警,并且造成人员伤亡,失火的"拥护者"号被拖回英国维修。

英国"前卫"级潜艇

"前卫"(Vanguard)级潜艇是英国于20世纪80年代研制的第二代弹道导弹核潜艇。

艇首特写

正面特写

研发历史

"前卫"级潜艇采用了英国首创的泵喷射推进技术,有效降低辐射噪声,安静性和隐蔽性尤为出色。1986年首艇开始建造,1993年服役,目前是英国唯一的海基核力量。

实战性能

"前卫"级潜艇装备了世界上最先进的"三叉戟"Ⅱ型导弹。该型导弹为三级固体燃料推进的导弹,射程为12 000千米。每枚导弹可携带8个威力为150千吨TNT当量的分导式多弹头,每艘艇的弹头数为128个,总威力为19 200千吨TNT当量。"前卫"级在提高隐身能力上下了很大功夫,为了降噪,采用了经过淬火处理的变额硬化齿轮、筏式整体减震装置。此外,艇壳上的流水孔很少,表面光滑,减少了水动力噪声。

基本参数	
全长	149.9米
全宽	12.8米
吃水	12米
最高航速	25节
满载排水量	15 900吨

趣味小知识

"前卫"级潜艇艇员在艇上有宽裕的居住铺位,饮食、娱乐、健身、医疗、淡水充分保证,工作环境也比较好,艇的自持力可达70天。

英国"机敏"级潜艇

"机敏"(Astute)级潜艇是英国研制的第四代攻击核潜艇。

"机敏"级潜艇及艇员

正在潜行的"机敏"级潜艇

基本参数	
全长	97米
全宽	11.3米
吃水	10米
最高航速	32节
满载排水量	7 800吨
相关简介	

研发历史

首艇"机敏"号于2001年1月31日开工,2007年6月8日在坎布里亚郡巴鲁因佛奈斯港下水,英国王储查尔斯的妻子、康沃尔公爵夫人卡米拉主持了下水仪式。她弃用了传统的香槟,而选用艇员酿制的啤酒来进行庆祝仪式。

实战性能

"机敏"级潜艇的艇首装有6具533毫米鱼雷发射管,可发射"旗鱼"鱼雷、"鱼叉"反舰导弹和"战斧"对陆攻击巡航导弹,鱼雷和导弹的装载总量为38枚,也可携带水雷作战。整体来看,"机敏"级的武器火力比"特拉法尔加"级高50%。为了有效发挥各种武器的效能,"机敏"级上安装了BAE-SEMA公司的SMCS型战术数据处理系统,对武器的发射进行自动化处理,并可以与16号数据链配合使用。

趣味小知识

2007年6月8日,"机敏"号在坎布里亚郡巴鲁因佛奈斯港下水,英国王储查尔斯的妻子、康沃尔公爵夫人卡米拉主持了下水仪式。她弃用了传统的香槟,而选用艇员酿制的啤酒来进行庆祝仪式。

Chapter 06 潜艇

德国 205 级潜艇

205 级潜艇是德国在 20 世纪 60 年代研制并服役的柴电动力潜艇。

鱼雷发射管道特写

停放在德国海军基地的 205 级潜艇

研发历史

205 级潜艇是在德国于二战后研制的 201 级潜艇的基础上加长艇身、改换新型机械与声呐系统的改进型,一共建造了 13 艘,最后一艘 205 级潜艇于 2005 年退役。在 2004 年以前,有一部分 205 级潜艇被转交给丹麦海军服役,并根据丹麦的需求进行了改装,外观上与德国的型号有很大区别。

基本参数	
全长	43.9 米
全宽	4.6 米
吃水	4.3 米
最高航速	17 节
满载排水量	508 吨
相关简介	

实战性能

205 级潜艇采用单层壳体结构,以便能在浅滩处航行。该级潜艇使用 ST-52 钢板替代了原先 201 级潜艇上使用的防磁钢板,因为 201 级潜艇使用的防磁钢板在服役中出现了严重的裂纹缺陷。

趣味小知识

二战后北约虽然允许德国自行研制主战坦克等重型装备,却禁止德国建造潜艇,因此从二战结束到 1955 年的 10 年间,德国潜艇处于历史上的第二个空白期。

德国 206 级潜艇

206 级潜艇是德国哈德威造船厂研制的小型近岸柴电潜艇。

指挥塔特写

206 级潜艇进行军事演习

研发历史

206 级潜艇于 1962 年设计完成,并在 20 世纪 70 年代开始服役于德国海军。1968-1975 年,206 级潜艇一共建造了 18 艘。在 1987-1992 年,有 12 艘 206 级潜艇进行了现代化改装,改装后的潜艇被命名为 206A 级。

实战性能

"冷战"期间,小巧灵活的 206 级潜艇被部署在波罗的海浅水处,以便在战争爆发后能攻击敌方舰船。它的艇身采用防磁钢板以抵消磁性水雷的威胁,并削弱敌方磁场探测器的搜索能力。由于早期的 201 级潜艇的相关无磁技术尚未成熟,其材料在遭受水压侵蚀时会产生裂纹,所以 206 级潜艇改用了一种新型防磁钢板——ST-52 钢板,具有极好的弹力和动力强度。

基本参数

全长	48.6 米
全宽	4.6 米
吃水	4.5 米
最高航速	17 节
满载排水量	498 吨
相关简介	

趣味小知识

206 级潜艇在德国潜艇设计史上起到了承前启后的重要作用,是"继往开来"的一型潜艇。

德国 209 级潜艇

209 级潜艇是德国在 20 世纪 70 年代研制的一种柴电动力潜艇。

209 级潜艇进行反航母演习

装备秘鲁海军的 209 级潜艇

研发历史

由于是一种专门为出口而研制的潜艇型号,因此 209 级根据进口国的要求,有多种变型艇,包括 1100、1200、1300、1400、1500 五种型号。由于 209 级潜艇性能先进,大小和价格适中,到 2009 年为止,已成功出口到 13 个国家。

基本参数	
全长	64.4 米
全宽	6.4 米
吃水	6.2 米
最高航速	21.5 节
满载排水量	1 810 吨
相关简介	

实战性能

209 级潜艇的主要武器是位于艇首的 8 具 533 毫米鱼雷发射管,可发射包括线导鱼雷在内的各型鱼雷,原来使用 DM-2A1 反舰鱼雷和 DM-1 反潜鱼雷,后全部换为更先进的 SST-4 和 SUT 反舰/反潜两用鱼雷。除此之外,部分 209 级潜艇还装了"鱼叉"潜射反舰导弹。209 级潜艇可靠性高,操控自动化水平高,使配备的艇员大大减小,只需 31～40 人,比相同吨位的其他常规潜艇减少了三分之一以上。

趣味小知识

209 级潜艇在设计时虽然采用了许多先进技术,但到了 20 世纪 70 年代后期这些技术已经没有多少保密价值了,因此德国人逐步放宽了技术转让的条件,几乎每一个有潜艇制造能力的购买国都能自己制造。

德国 212 级潜艇

212 级潜艇是由德国哈德威造船厂所开发设计的柴电动力潜艇。

侧方特写

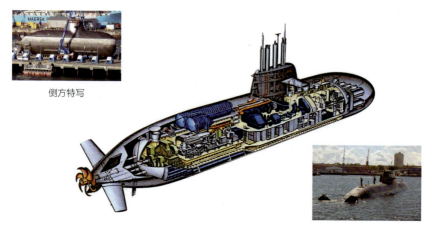

停在港口的 212 级潜艇

研发历史

1990 年，德国海军开始酝酿以 209 级潜艇为母型，加装燃料电池系统，并安装了性能更优的声呐、潜望镜及武器系统等，研制世界上第一艘装备 AIP 系统的潜艇，并于 1992 年完成设计，新型潜艇被定名为 212 级潜艇。

基本参数

基本参数	
全长	51 米
全宽	6.4 米
吃水	6.5 米
最高航速	21 节
满载排水量	1800 吨
相关简介	

实战性能

212 级艇首装有 6 具 533 毫米鱼雷发射管，可发射 DM2A4 重型鱼雷、IDAS 短程导弹等，艇上还备有自动化鱼雷快速装填装置。该级艇通常携带 24 枚水雷、40 枚干扰器/诱饵等。212 级潜艇的电子设备主要包括搜索潜望镜、攻击潜望镜、1007 型导航雷达、卫星导航定位系统、无线电综合导航系统、电罗经、计程仪和测深仪等。其中 1007 型导航雷达主要用于导航和对海搜索，具有频率捷变、自动跟踪、脉冲压缩和动目标显示等功能，作用距离大于 30 千米，探测能力良好。

趣味小知识

212 级潜艇是德国优良造舰工艺以及最尖端科技的结晶，也是全世界第一种采用燃料电池的 AIP 潜艇。

Chapter 06 潜　艇

德国 214 级潜艇

214 级潜艇是德国在 209 级潜艇的基础上研制而来的新型常规潜艇。

停在港口的 214 级潜艇

装备葡萄牙海军的 214 级潜艇

基本参数	
全长	65 米
全宽	6.3 米
吃水	6 米
最高航速	20 节
满载排水量	1 980 吨
相关简介	

研发历史

20 世纪 90 年代末，德国老牌造船厂霍瓦兹船厂保留了 209 级潜艇的设计理念，融合 212A 级潜艇的 AIP 技术，设计了一款 212A 级简化版潜艇，也就是 214 级潜艇。

实战性能

214 级潜艇采用模块化设计建造技术，将武器系统、传感器和潜艇平台紧密结合为一体，适合完成各种使命任务，基本代表了目前常规动力潜艇的技术发展水平。214 级潜艇通过在总体、动力、设备等方面精心研制，获得了一个安静的作战平台。耐压艇体由 HY-80 和 HY-100 低磁钢建造，强度高、弹性好，下潜深度大于 400 米，不易被敌方磁探测器发现。艇体进行光顺设计，尽量减少表面开口，开口采用挡板结构，以便尽可能地减小因海水流动产生的噪声。

趣味小知识

2009 年 12 月 1 日，韩国海军在釜山作战基地举行了第三艘 214 级潜艇"安重根"号的服役下水仪式，这艘潜艇能够执行对地反潜等多种任务，同时追踪、应对水下 300 个目标。

法国"桂树神"级潜艇

"桂树神"(Daphne)级潜艇是法国研制的常规动力潜艇,又称为"女神"级潜艇。

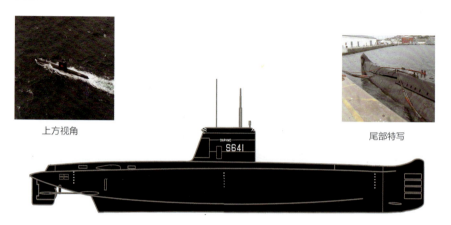

上方视角　　　　　　　　　　　　　　　　　　尾部特写

基本参数	
全长	57.8米
全宽	6.8米
吃水	4.6米
最高航速	16节
满载排水量	1 038吨
相关简介	

研发历史

"桂树神"级潜艇由"林仙"级潜艇发展而来,建造于1964—1969年,首艇于1964年服役。1971年,该级艇改装了武备和电子探测装置。"桂树神"级潜艇还出口到西班牙、葡萄牙、巴基斯坦和南非等国。

实战性能

"桂树神"级潜艇的主要武器有12具550毫米鱼雷发射管,艇首8具,艇尾4具,备弹为12枚ECANE15型鱼雷。电子设备有DLT-D3型鱼雷发射控制系统、卡里普索对海搜索雷达、DSUV-2被动搜索声呐、DUUA-2主动搜索与攻击声呐、DUUX-2被动声呐等。

趣味小知识

"桂树神"级潜艇被法国认为是设计较好的一型潜艇,其大小适宜、水下航速大、无噪声、水下性能优良和装备较强的电子设备,适于反潜使用。

法国"可畏"级潜艇

"可畏"(Redoutable)级潜艇是法国建造的第一级弹道导弹核潜艇。

船坞中的"可畏"级潜艇

尾部特写

研发历史

首艇"可畏"号于1971年下水服役后,它的4艘姊妹舰"可惧"号、"雷霆"号、"无敌"号、"霹雳"号陆续动工,其中最后一艘于1974年下水。"可畏"级的建造自第五艘"霹雳"号后停顿了很长的一段时间,数年后法国才决定建造第六艘——"不屈"号。

基本参数	
全长	128米
全宽	10.6米
吃水	10米
最高航速	25节
满载排水量	9 000吨
相关简介	

实战性能

"可畏"级潜艇安装了4具533毫米鱼雷发射管,可携带18枚鱼雷。该级艇最初两艘上配置有M1潜射弹道导弹,其改良型M2及后续的M20、M4则在随后配置于所有的"可畏"级潜艇上。M20拥有1枚120万吨TNT当量的热融合核子弹头,射程约为3 974千米。M20的扩大型M4潜射弹道导弹可携带6枚15万吨TNT当量的多目标弹头独立重返大气载具(MIRV),射程远达6 114千米。

趣味小知识

1991年12月13日,"可畏"号退役,之后在瑟堡博物馆作为博物馆潜艇供参观。1993年3月23日,"可畏"号反应堆舱被切除,在消除了一切可能对人体造成不利影响的因素后,正式对外开放。

法国"阿格斯塔"级潜艇

"阿格斯塔"(Agosta)级潜艇是法国在20世纪70年代研制建造的一级常规动力潜艇。

西班牙海军装备的"阿格斯塔"级潜艇

正在潜行的"阿格斯塔"级潜艇

研发历史

20世纪70年代初,法国海军决定研制一级新型常规潜艇,即"阿格斯塔"级潜艇。首艇"阿戈斯塔"号于1972年开工建造,1977年7月建成并服役。

基本参数	
全长	67.6米
全宽	6.8米
吃水	5.4米
最高航速	20节
满载排水量	1 760吨
相关简介	

实战性能

"阿格斯塔"级潜艇在艇首装有4具533毫米鱼雷发射管,能携带和发射法国制造的Z16、E14与E15、L3与L5以及F17P等鱼雷。Z16为直航式鱼雷,主要用来攻击水面舰艇和大型商船。E14、E15为单平面被动寻的鱼雷,用以攻击水面舰艇。L3与L5为双平面主动寻的鱼雷,用来攻击潜艇。F17P为双平面主/被动寻的末端线导鱼雷,既能反舰,又能反潜。该级潜艇还能同时携带和发射SM39型"飞鱼"反舰导弹、布放MC23型水雷以及发射PIIL气幕弹。艇上可携带鱼雷或导弹20枚,或水雷36枚。

趣味小知识

"阿格斯塔"级潜艇的第一个国外客户是南非,原订购2艘,却因当时南非发生种族歧视问题,被联合国实行禁止输入武器国家,因此,没有交付南非海军,而是在1979年至1980年改出售给巴基斯坦海军。

法国"红宝石"级潜艇

"红宝石"(Rubis)级潜艇是法国研制的第一代攻击核潜艇。

指挥塔特写

"红宝石"级潜艇正在执行任务

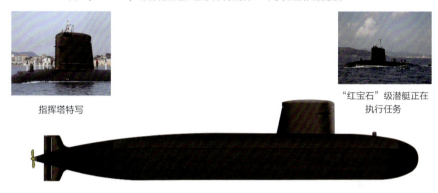

研发历史

"红宝石"级潜艇于1976年开始建造,一共建造了6艘。"红宝石"号于1983年2月服役,"蓝宝石"号于1984年7月服役,"黄宝石"号于1987年4月服役,"绿宝石"号于1988年9月服役,"紫水晶"号于1992年3月服役,"珍珠"号于1993年7月服役。

基本参数	
全长	72.1米
全宽	7.6米
吃水	6.4米
最高航速	25节
满载排水量	2600吨
相关简介	

实战性能

"红宝石"级潜艇在艇首装有4具533毫米鱼雷发射管,可发射鱼雷和导弹。鱼雷主要为F-17 Ⅱ型和L-5 Ⅲ型。F-17 Ⅱ为线导、主/被动寻的型鱼雷,40节时射程20千米。L-5 Ⅲ为两用鱼雷,主/被动寻的,35节时射程9.5千米。该级潜艇还搭载了SM-39"飞鱼"潜射反舰导弹,战斗部重165千克。艇上共可携带鱼雷和导弹共18枚,在执行布雷任务时则可携带各型水雷。

> **趣味小知识**
>
> "红宝石"级潜艇是全球最"迷你"的攻击核潜艇,潜航排水量仅2600吨左右。

法国"凯旋"级潜艇

"凯旋"(Triomphant)级潜艇是法国海军第三代弹道导弹核潜艇。

"凯旋"级潜艇正在潜行

艇首特写

研发历史

为替换老旧的弹道导弹核潜艇,法国于1981年7月开始发展第三代"凯旋"级弹道导弹核潜艇。该级艇一共建造4艘,分别为"凯旋"号、"鲁莽"号、"警醒"号和"猛烈"号。

实战性能

"凯旋"级潜艇装有16具弹道导弹发射筒,设计装备M-51导弹。该导弹为三级固体燃料导弹,射程11 000千米,圆概率偏差300米。每枚导弹可携带6个威力为15万吨TNT当量的分导式热核弹头。该级艇首部设置4具533毫米鱼雷发射管,可发射L5-3型两用主/被动声自导鱼雷或SM39"飞鱼"反舰导弹,鱼雷和反舰导弹可混合装载18枚。

基本参数	
全长	138米
全宽	12.5米
吃水	12.5米
最高航速	25节
满载排水量	14 335吨
相关简介	

趣味小知识

法国幅员较小、城镇密集,但濒临大西洋和地中海,拥有优越的海洋环境。因此,海基战略核力量一直被法国视为核力量的基石和第一要素,潜射弹道导弹和核潜艇更是重中之重。

Chapter 06 潜艇

法国"梭鱼"级潜艇

"梭鱼"(Barracuda)级潜艇是法国研制中的下一代攻击核潜艇。

艇首特写

水下潜行示意图

研发历史

"梭鱼"级潜艇由 DCN 设计,用来替代"红宝石"级潜艇。第一艘"梭鱼"级潜艇计划于 2017 年服役,其他 4 艘随后每两年服役一艘(2019、2021、2023、2025),最后一艘可能于 2026-2027 年服役。

基本参数	
全长	99.5 米
全宽	8.8 米
吃水	7.3 米
最高航速	25 节
满载排水量	5 300 吨
相关简介	

实战性能

"梭鱼"级潜艇的 4 个鱼雷发射管可以发射总共 20 枚重型武器,包括重型鱼雷、SM39"飞鱼"反舰导弹和"斯卡尔普"海军巡航导弹。同时,它还可以在尾部携带 1 个吊舱,携带 12 名突击队员。与"红宝石"级潜艇 45 天的巡航时间相比,"梭鱼"级潜艇的巡航时间可以达到 70 天。

趣味小知识

"梭鱼"级取名为"梭鱼"很有意味,梭鱼遍布全球海洋,习性凶悍而机警,捕食食物时出击迅速,又好独自游弋,有"孤独的猎手之称"。这个命名不单展现了法国海军舰艇命名的文化特色,也显示了法国海军对新一代攻击型核潜艇的期望。

法国/西班牙"鲉鱼"级潜艇

"鲉鱼"（Scorpène）级潜艇是法国和西班牙以出口国际市场为导向而推出的常规动力潜艇。

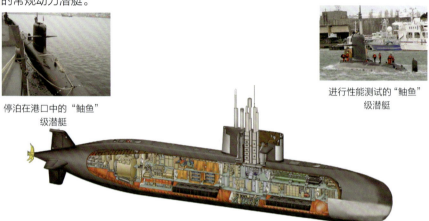

停泊在港口中的"鲉鱼"级潜艇

进行性能测试的"鲉鱼"级潜艇

研发历史

"鲉鱼"级潜艇由法国 DCNS 公司与西班牙纳凡蒂亚造船公司联合研发。1997 年 12 月，智利委托建造 2 艘。2002 年 6 月，马来西亚委托建造 2 艘。2005 年 10 月，印度签购 6 艘。2008 年 12 月，巴西购买 4 艘。

基本参数	
全长	76.2 米
全宽	6.2 米
吃水	5.5 米
最高航速	20 节
满载排水量	2 000 吨
相关简介	

实战性能

"鲉鱼"级潜艇采用了"金枪鱼"形的壳体形式，并尽可能减少了体外附属物的数量。艇上主要设备均采取弹性安装，在需要的部位还采用了双层减震。精心设计的螺旋桨具有较低的辐射噪声。由于潜艇的耐压壳体采用高拉伸钢建造，故重量轻，可使艇上装载更多的燃料和弹药，并使其随时根据需要下潜至最大深度。"鲉鱼"级潜艇的高度的自动化，关键功能的实时分析及冗余设计，使其编制人员人数可减少到 31 人，正常值班仅需 9 人。

趣味小知识

2008 年 12 月，巴西和法国签署了总额 86 亿欧元的防务合同。根据计划，法国将为巴西提供 50 架 EC725 型军用直升机，帮助巴西建造 4 艘"鲉鱼"级潜艇和 1 艘核潜艇，援建一座具有生产和维修能力的潜艇工厂以及一处可供潜艇停靠的海军基地。

西班牙 S-80 级潜艇

S-80 级潜艇是西班牙研制的新型 AIP 常规动力潜艇。

指挥塔特写

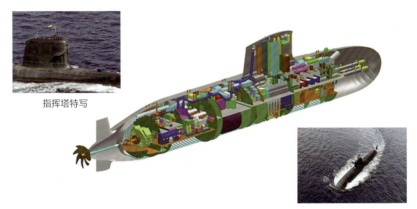
上方视角

研发历史

S-80 级潜艇由西班牙纳凡蒂亚造船公司研制。该公司曾与法国联合研制"鲉鱼"级潜艇,并成功出口到马来西亚、印度和智利等国。有鉴于此,纳凡蒂亚造船公司开始独立设计新型潜艇,其成果就是 S-80 级。

基本参数	
全长	71.1 米
全宽	11.7 米
吃水	6.2 米
最高航速	19 节
满载排水量	2426 吨
相关简介	

实战性能

S-80 级潜艇的水下排水量远大于"鲉鱼"级,艇长也有所增加,潜艇耐压壳直径为 7.3 米,同样大于"鲉鱼"级的 6.2 米。两种潜艇都采用了典型的长水滴形设计,但 S-80 级潜艇拥有稍大一点的方向舵控制面,而且艉部水平舵在艇体上的位置也不一样。由于西班牙工业技术水平的限制,S-80 级潜艇的许多设备都需要从别国引进。

趣味小知识

据西班牙《国家报》近期披露,历经千辛万苦并且经过重新设计才建造完成的是一艘 S-80 型潜艇,由于之前的设计失误而被迫增加长度以后,使得其母港卡塔赫纳港口无法容纳这艘潜艇。

意大利"萨乌罗"级潜艇

"萨乌罗"(Sauro)级潜艇是意大利海军二战后的第二代潜艇。

保存在博物馆中的"萨乌罗"级潜艇

潜行中的"萨乌罗"级潜艇

研发历史

意大利海军的主要任务是保卫整个亚德里亚海以及撒丁和西西里的重要海峡,因此设计出了一款适合远洋航行的常规动力攻击型潜艇——"萨乌罗"级潜艇,负责反潜、反舰、巡逻、破坏海上交通线和运送突击队员等任务。

基本参数	
全长	63.9米
全宽	6.8米
吃水	5.6米
最高航速	19节
满载排水量	1641吨
相关简介	

实战性能

"萨乌罗"级潜艇的主要武器为6具533毫米鱼雷发射管(配备"怀特海德"A124 Mod 3鱼雷,备弹12枚),并可携带水雷。该级艇的电子设备有CSU-90主/被动声呐、AESN MD-100S阵列声呐、SPEA CCRG火控系统等。"萨乌罗"级潜艇的动力系统为3台GMT A210-16柴油机,1台Malerri推进电机。

趣味小知识

根据地中海的具体使用条件,"萨乌罗"级潜艇吨位相对较小,具有较高的水下航速和良好的机动性,噪声低,可利用温跃层躲避对方声呐探测。

以色列"海豚"级潜艇

"海豚"(Dolphin)级潜艇是以色列海军装备的一种常规动力潜艇。

以色列士兵站在"海豚"级潜艇甲板上

"海豚"级潜艇浮出水面瞬间

▶ 研发历史

1991年,在海湾战争爆发后,以色列与德国签订了3艘"海豚"级潜艇的合约,其中2艘为德国赠送,另外1艘为共同出资。首艇"海豚"号在1998年服役,第二艘"黎凡塞"号于1999年服役,第三艘"泰库玛"号于2000年服役。2006年,以色列决定追加2艘"海豚"级潜艇订单。

▶ 实战性能

"海豚"级潜艇是德国209级潜艇和212级潜艇的改良型。和212级艇相似,"海豚"级潜艇最大的特色在于它多出了一段可供两栖特战人员进出的舱段,而且还装载潜水推送器以执行输送特种部队的任务,能够胜任侦察和渗透作战。"海豚"级潜艇的鱼雷管数量多达10管,能够携带14枚鱼雷。"海豚"级潜艇还可以发射美制"鱼叉"级潜射反舰导弹,最大射程达130千米。

基本参数

全长	57米
全宽	6.8米
吃水	6.2米
最高航速	21.5节
满载排水量	1 900吨
相关简介	

趣味小知识

"海豚"级潜艇中的"利维坦"号、"塔宁"号和"拉哈伯"号等都是以《圣经》中远古海怪的名字来命名,其中"利维坦"是象征邪恶的一种海怪,通常被描述为鲸鱼、海豚或鳄鱼的形状。

瑞典"西约特兰"级潜艇

"西约特兰"级潜艇是瑞典在 20 世纪 80 年代研制的常规动力潜艇。

上方视角

停在港口的"西约特兰"级潜艇(左方)

研发历史

"西约特兰"级潜艇建造于 1983-1988 年,共有 4 艘。2003 年,其中 2 艘进行改良升级,加装了斯特林发动机,被重新命名为"南曼兰"级潜艇。另外 2 艘则在 2005 年出售给新加坡,并同时进行升级改良,新加坡重新命名为"射手"级。

基本参数	
全长	48.1 米
全宽	6.1 米
吃水	5.6 米
最高航速	20 节
满载排水量	1 150 吨
相关简介	

实战性能

"西约特兰"级潜艇装有 6 具 533 毫米和 3 具 400 毫米鱼雷发射管,可发射 TP613 型线导反舰鱼雷(18 枚)和 TP42 型小型线导反潜鱼雷(6 枚)。此外,还可由 400 毫米鱼雷管布放 22 枚水雷。动力装置采用柴电推进形式,由 2 台柴油机、1 台推进电机和 2 组蓄电池构成。由于该级艇在动力、操纵和武器控制方面有很高的自动化水平,可实现无人机舱,因此人员编制很少。为了适应瑞典海域较浅的特点,该级艇在设计上注重提高浅水活动能力,耐压壳体具有承受 75 米距离爆炸冲击的能力。

趣味小知识

2003-2004 年,"西约特兰"级 3 号和 4 号艇进行改良升级,加装了斯特林发动机,被重新命名为"南曼兰"级潜艇。

瑞典"哥特兰"级潜艇

"哥特兰"（Gotland）级潜艇是世界上第一批装备了不依赖空气推进装置的常规潜艇。

"哥特兰"级潜艇进行编队潜行

后侧方特写

研发历史

1990年，瑞典开始研制"哥特兰"级潜艇。首艇"哥特兰"号于1992年11月开工建造，1995年2月下水，标志着战后常规潜艇技术取得了具有历史意义的突破性进展。瑞典海军一共装备了3艘"哥特兰"级潜艇，1996年至1998年每年都有1艘入役。

基本参数	
全长	60.4米
全宽	6.2米
吃水	5.6米
最高航速	20节
满载排水量	1 599吨
相关简介	

实战性能

"哥特兰"级潜艇所携带的武器不仅性能先进而且种类较多，仅鱼雷就有3种，包括TP2000型鱼雷、TP613/TP62型鱼雷以及TP432/TP451型鱼雷。TP2000型鱼雷的推进系统采用了高浓度过氧化氢，最大攻击距离超过25千米，而且具有较大的作战潜深，在攻击时还不留航迹，并具备攻击高性能快速潜艇的能力。TP613/TP62型鱼雷的最大攻击距离约20千米，主要用于攻击敌方水面舰艇。TP432/TP451型小型鱼雷采用的是电动方式，并有触发和非触发两种引信可用，它是一种具备主动/被动寻的装置的线导鱼雷，主要用于自卫。

荷兰"旗鱼"级潜艇

"旗鱼"(Zwaardvis)级潜艇是荷兰于20世纪60年代研制的常规潜艇。

"旗鱼"级潜艇正在执行任务

"旗鱼"级潜艇编队

研发历史

20世纪60年代,荷兰决定开发新一代的传统动力攻击潜艇。1965年,荷兰正式订购2艘新一代潜艇,首艇命名为"旗鱼"号(S-806),二号舰命名为"虎鱼"号(S-807),分别于1970年和1971年下水,并在1972年8月与10月先后服役。此外,"旗鱼"级潜艇还出口了2艘。

基本参数	
全长	66.9米
全宽	8.4米
吃水	7.1米
最高航速	20节
满载排水量	2620吨
相关简介	

实战性能

"旗鱼"级潜艇的艇首安装了6具533毫米鱼雷管,舰上鱼雷舱可容纳14枚鱼雷,使用美制MK-37、MK-48与NT-37等鱼雷。"旗鱼"级潜艇的鱼雷管为游出式,故无法发射导弹或水雷。

趣味小知识

荷兰海军对"旗鱼"级在服役生涯中的表现极为满意。在1970年,荷兰依照"旗鱼"级的设计大幅改良而成为"海象"级。

荷兰"海象"级潜艇

"海象"(Walrus)级潜艇是荷兰研制的常规动力潜艇。

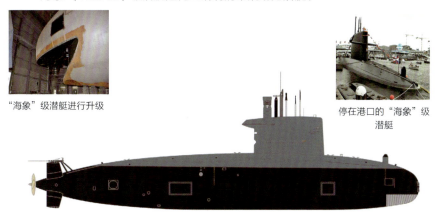

"海象"级潜艇进行升级

停在港口的"海象"级潜艇

研发历史

早在"二战"之前，荷兰就拥有自行设计和建造潜艇的能力。1978年6月荷兰海军和鹿特丹干船坞公司签订了"海象"级潜艇的建造合同，首艇"海象"号于1979年12月开始建造，同时荷兰海军与该厂签订了二号舰"海狮"号的建造合同。

基本参数	
全长	67.7米
全宽	8.4米
吃水	6.6米
最高航速	25节
满载排水量	2 800吨
相关简介	

实战性能

"海象"级潜艇为鲸型艇首、回转体尖尾艇型，它的艇尾控制板采用的是X形布置，这样提高了潜艇在水下航行时的机动性和抗沉性，并由计算机控制。该艇采用的螺旋桨为7叶大侧斜螺旋桨，艇体采用HY-100型钢制造而成。

趣味小知识

尽管"海象"级潜艇经过全面升级，但仍属于性能日趋老化的老旧潜艇。鉴于此，2014年11月荷兰国防部宣布2025年4艘"海象"级将被新一代潜艇替代。

澳大利亚"柯林斯"级潜艇

"柯林斯"(Collins)级潜艇是澳大利亚海军最新型的常规动力潜艇。

指挥塔特写

美国海军军官参观控制室

基本参数	
全长	77.8 米
全宽	7.8 米
吃水	6.8 米
最高航速	20 节
满载排水量	3 353 吨
相关简介	

研发历史

"柯林斯"级的首艇于 1995 年服役,到 1999 年时一共建造了 6 艘。该级潜艇的设计并非由澳大利亚本国完成,而是瑞典久考库姆造船公司设计并参与建造。2005 年,"柯林斯"级"迪查纽斯科"号在最大深度潜航时海水涌进引擎室,几乎导致沉船。

实战性能

"柯林斯"级潜艇的前端配有 6 座 533 毫米鱼雷发射管,能够发射 Mk 48 鱼雷,这种鱼雷在 55 节航速时的射程为 38 千米,40 节航速时的射程为 50 千米,其弹头重达 267 千克。此外,该潜艇还能发射美制"鱼叉"反舰导弹。"柯林斯"级潜艇一共可以携带 22 枚导弹或鱼雷,以及 44 枚水雷。

趣味小知识

2002 年,"柯林斯"级潜艇"希恩"号和美国"洛杉矶"级潜艇"奥林匹亚"号在夏威夷进行一周的严格实战演习,双方各自扮演攻守两种角色,并且几乎打成平手。

Chapter 06 潜艇

阿根廷 TR-1700 级潜艇

TR-1700 级潜艇是德国蒂森 – 克虏伯集团北海造船厂为阿根廷海军建造的常规潜艇。

装备阿根廷海军的 TR-1700 级潜艇

TR 艇首特写

研发历史

1977 年原计划建造 6 艘，2 艘 TR-1700 级由德国北海造船厂建造，2 艘由阿根廷阿斯蒂列罗·多梅克·加西亚造船厂建造，另 2 艘较小的 TR-1400 级也在阿根廷建造。1982 年最终协议更改为 6 艘 TR-1700 级，但最终只建造了 2 艘。

基本参数

全长	66
全宽	7.3 米
吃水	6.5 米
最高航速	25 节
满载排水量	2 264 吨
相关简介	

实战性能

TR-1700 级潜艇拥有水下航速快、自持力高、生存能力强的特性。该级艇安装 4 台 MTU 柴油发动机，4 台发电机，安装的西门子电动机可以推动潜艇达到 25 节的速度，船上还安装了 8 组 120 电池。自持力由普通潜艇的 30 天延长到 70 天。所有潜艇都配备了可以接受连接深潜救生艇的设备。武器包括 6 具 533 毫米鱼雷发射管，可发射 22 SST 或 Mark 37 型鱼雷，鱼雷的自动装填系统可以在 50 秒内完成再装填。

趣味小知识

TR-1700 型潜艇首舰被命名为"ARA 圣克鲁兹"号（舷号 S-41）；二号舰为"ARA 圣约安"号（舷号 S-42）。而值得一提的是三号舰—已经完工大概 70%，被命名为"ARA 圣达菲"号，沿用了马岛战争中被英国多艘驱护舰一起围攻的二战潜艇的名字。

日本"汐潮"级潜艇

"汐潮"(Yūshio)级潜艇是由日本三菱重工和川崎重工建造的常规动力攻击潜艇。

内部过道特写

保存在博物馆中的"汐潮"级潜艇

研发历史

1975年,日本海上自卫队决定建造"涡潮"级潜艇的后续型,即"汐潮"级潜艇,总共 10 艘,分别在 1980-1989 年服役,每年服役 1 艘。

基本参数	
全长	76 米
全宽	9.9 米
吃水	7.4 米
最高航速	20 节
满载排水量	2 900 吨
相关简介	

实战性能

"汐潮"级潜艇总共能携带 20 枚鱼雷,高于"涡潮"级的 16 枚。前 4 艘"汐潮"级潜艇最初仅配备美制 MK-37C 或日本自制的 89 式鱼雷,后 6 艘改良型"汐潮"级潜艇则增加了使用美制"鱼叉"反舰导弹的能力,而后前 4 艘陆续回厂翻修时也追加了此能力。

趣味小知识

"汐潮"级潜艇的建造成功使日本常规潜艇的战技术性能达到了世界水平,日本自认为其实力"令世人不容小觑"。

日本"春潮"级潜艇

"春潮"（Harushio）级潜艇是日本于20世纪80年代末开始建造的常规动力潜艇。

停在港口的"春潮"级潜艇

"春潮"级潜艇正在潜行

基本参数	
全长	77米
全宽	10米
吃水	7.7米
最高航速	20节
满载排水量	3 200吨
相关简介	

研发历史

二战结束后，日本的潜艇发展思路是采取紧跟策略，即参考美国潜艇来发展自身潜艇。在美国取消常规潜艇的制造后，日本的现代化潜艇制造技术已经成熟，开始走上彻底自行设计制造的道路。20世纪80年代末，日本成功研制出"春潮"级潜艇。

实战性能

"春潮"级潜艇的武器装备主要是潜射型"鱼叉"反舰导弹和日本国产89式自导鱼雷，由6具533毫米鱼雷发射管发射。该级艇的主要作战使命是反潜和攻击大型水面舰艇，因此在设计上体现了五个方面性能的改进提高：一是进一步提高水下续航时间；二是提高其安静性；三是提高搜索和攻击能力；四是提高鱼雷和导弹的性能；五是改善居住性，不至于造成陆上和艇上居住性能的极大反差。

趣味小知识

"春潮"级潜艇集中了多项先进技术，使日本战后潜艇攀上了世界常规潜艇的巅峰，日本曾称它为除核潜艇之外的"超级潜艇"。

日本"亲潮"级潜艇

"亲潮"（Oyashio）级潜艇是日本于20世纪90年代初开始建造的常规潜艇。

指挥塔特写

日本艇员站在"亲潮"级潜艇甲板上

研发历史

20世纪90年代，日本提出了新型潜艇的研制计划，并命名为"亲潮"级建造计划。"亲潮"级潜艇主要用于替代即将退役的"汐潮"级潜艇，以便在21世纪初保留一定规模的常规潜艇兵力。

实战性能

"亲潮"级潜艇的鱼雷发射管布置方式与以往的日本潜艇不同，虽然鱼雷室仍设置在艇身中段，但以往是将6具鱼雷发射管以上并列方式从前段艇身两侧突出，"亲潮"级潜艇的发射管则向艇首前移，两侧发射管各以一前两后的方式配置，并且是从舰体中心朝外斜向发射。"亲潮"级潜艇内共装备20枚鱼雷和导弹，包括最大射程38～50千米的89式线导鱼雷和潜射式"鱼叉"反舰导弹。

基本参数

全长	81.7米
全宽	8.9米
吃水	7.4米
最高航速	20节
满载排水量	4 000吨
相关简介	

趣味小知识

"亲潮"级潜艇是世界上在役的大排水量常规潜艇之一，也是世界上最先进的常规潜艇之一。它既适合于在日本的水域执行巡逻警戒任务，也适合于远海作战。

日本"苍龙"级潜艇

"苍龙"级潜艇是日本在二战后建造的吨位最大的一款潜艇。

"苍龙"级潜艇在港口中休整

研发历史

建造中的"苍龙"级潜艇

20世纪末到21世纪初,随着AIP技术在世界范围内蓬勃发展,日本也在"春潮"级潜艇的最后一艘"朝潮"号进行了相关实验,在此基础上,日本开发了基于AIP技术的新一代柴油动力攻击型常规潜艇,即"苍龙"级潜艇。首艇于2005年3月开工建造,2007年12月下水,2009年3月开始服役。

基本参数	
全长	84米
全宽	9.1米
吃水	8.5米
最高航速	20节
满载排水量	4 200吨
相关简介	

实战性能

"苍龙"级潜艇装载的鱼雷和反舰导弹等各种武备基本上与"亲潮"级潜艇相同,但是艇上武器装备的管理却采用了新型艇内网络系统。此外,艇上作战情报处理系统的计算机都采用了成熟商用技术。该级艇装备的是6具533毫米鱼雷发射管,与"亲潮"级潜艇上装备的鱼雷发射管完全相同。具体布置方式是,在潜艇首部分为上下两层水平排列,上层2具,下层4具。鱼雷发射管可发射89型鱼雷、"鱼叉"导弹以及布放水雷等。

趣味小知识

"苍龙"级潜艇一反日本海上自卫队几十年来为潜艇命名的天文地理名"潮部"规则,舷号为SS-501的首艇以"苍龙"为名,成为日本海自成立以来,第一艘采用旧日本帝国时代"汉字成语部"(祥瑞动物名)命名的舰艇。

印度"歼敌者"级潜艇

"歼敌者"(Arihant)级潜艇是印度研制的第一艘核动力潜艇。

侧方特写

水下发射导弹示意图

研发历史

"歼敌者"级潜艇是印度在俄罗斯的技术援助下建造的,印度花费了近20年的时间来研发,首艇"歼敌者"号于2009年7月26日下水,"歼敌者"级潜艇一旦服役,将使印度拥有从水下发射核武器的能力。

基本参数	
全长	112米
全宽	11米
吃水	9米
最高航速	22节
满载排水量	6 000吨
相关简介	

实战性能

"歼敌者"级潜艇的单艘造价约29亿美元,可配备12枚最大射程超过700千米的K-15型"海洋"弹道导弹,或者K-X"烈火-3"弹道导弹。此外,该级艇还可携带6枚533毫米鱼雷。

趣味小知识

"歼敌者"级战略核潜艇将成为印度核三位一体的支柱,令印度成为世界第六个核潜艇国家。

Chapter 07

两栖舰艇

传统的两栖舰艇采用的是冲击抢滩战术,就是将人员和装备等直接送上滩头,但是随着各国岸防火力的增强,特别是岸舰导弹的出现,这种战术受到了严重的挑战。如今的两栖舰艇主要用于运载登陆部队、武器装备、物资车辆、直升机等进行登陆作战,在现代战争中发挥着独特的作用。

美国"塔拉瓦"级两栖攻击舰

"塔拉瓦"(Tarawa)级舰艇是美国研制的一款大型通用两栖攻击舰。

"密集阵"近程防御武器系统

艉部视角

研发历史

为了满足美海军舰船"均衡装载"的需要,美国从 20 世纪 70 年代中期起开始建造了大型通用两栖攻击舰"塔拉瓦"级。该级的首舰"塔拉瓦"号于 1971 年 1 月动工,1973 年 12 月下水,1976 年 5 月服役。

基本参数	
全长	254 米
全宽	40.2 米
吃水	7.9 米
最高航速	24 节
满载排水量	39 967 吨
相关简介	

实战性能

"塔拉瓦"级舰艇可作为直升机攻击舰、两栖船坞运输舰、登陆物资运输舰和两栖指挥舰使用,能完成 4~5 艘登陆运输舰的任务。该级舰武器装备多、威力大,装备有对空导弹、机载空舰导弹和近防武器系统,以及直升机和垂直/短距起降飞机,形成远、中、近距离结合和高、中、低一体的作战体系,具有防空、反舰和对岸火力支援等能力。

> **趣味小知识**
>
> "塔拉瓦"级两栖攻击舰的外观轮廓与"黄蜂"级相似,但岛形上层建筑和上层建筑后方的起重机更高大。

Chapter 07 两栖舰艇

美国"黄蜂"级两栖攻击舰

"黄蜂"(Wasp)级舰艇是美国研制的一级多用途两栖攻击舰。

发射"海麻雀"导弹

收放登陆艇

研发历史

"黄蜂"级舰艇是为取代20世纪90年代退役的"硫黄岛"级两栖攻击舰而研制的,成为美国海军20世纪90年代和21世纪初的一级主要两栖战舰。该级舰的主要任务是支援登陆作战,其次是执行制海任务。

基本参数	
全长	253.2米
全宽	31.8米
吃水	8.1米
最高航速	22节
满载排水量	40 500吨
相关简介	

实战性能

"黄蜂"级舰艇是目前世界上两栖舰艇中吨位最大、搭载直升机最多的舰艇。其机库面积1394平方米,有3层甲板高,可存放28架CH-46E直升机。飞行甲板上还可停放14架CH-46E或9架CH-53E直升机。舰尾部机库甲板下面是长为81.4米的坞舱,可运载12艘LCM6机械化登陆艇或3艘LCAC气垫登陆艇。坞舱前面是1个两层车辆舱,可装载坦克、车辆约200辆。

趣味小知识

2005年9月美国新奥尔良地区遭卡特里娜飓风重创,"黄蜂"级的"硫黄岛"号便驶入密西比河河道充当救援平台,利用舰上的运输直升机队与登陆艇、登陆车队向交通基础设施遭严重破坏的灾区运送物资。

美国"美利坚"级两栖攻击舰

"美利坚"(America)级舰艇是美国建造的两栖攻击舰,属直升机登陆突击舰(LHA)类别。

正后方特写

上方视角

研发历史

虽然被划分为 LHA 类别,但"美利坚"级基本上是以"马金岛"号直升机船坞登陆舰(LHD)为基础开发的,而 LHD-8 本身又是"黄蜂"级的改良型。"美利坚"级的首舰"美利坚"号(LHA-6)于 2012 年 10 月 20 日下水。

基本参数	
全长	257.3 米
全宽	32.3 米
吃水	8.7 米
最高航速	20 节
满载排水量	45 570 吨
相关简介	

实战性能

"美利坚"级舰艇主要作为两栖登陆作战中空中支援武力的投射平台,完全省略了坞舱的设计。取消了坞舱得以换取 1 个更加延长的飞行甲板与 2 座更宽敞、净空更大、装设有吊车可容纳 MV-22B"鱼鹰"倾旋翼机的维修舱。另外,还将 LHD 上医疗区的空间缩减三分之二,以换取机库空间。相较于过去的两栖攻击舰,"美利坚"级拥有更大的机库、经重新安排与扩大的航空维修区、大幅扩充的零件与支援设备储存空间及更大的油料库。

趣味小知识

美国海军部长雷·马布斯在"美利坚"级舰艇交接仪式上进行主旨演讲。作为本舰的资助人,美国退役海军陆战队将军皮特·佩斯的夫人琳恩·佩斯下令士兵上舰。

美国"惠德贝岛"级船坞登陆舰

"惠德贝岛"(Whidbey Island)级船坞登陆舰是美国海军两栖战舰艇的主力之一。

正在投送战斗艇

进行实战演戏

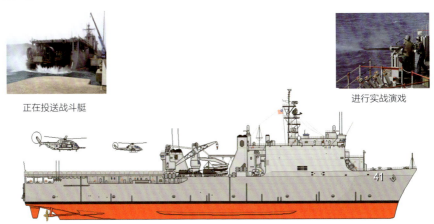

研发历史

为了取代20世纪50年代服役的"杜马斯顿"级船坞登陆舰和装备当时正在研制的新型气垫登陆艇,早在20世纪70年代后期,美国海军就已决定建造"惠德贝岛"级新型船坞登陆舰。首舰"惠德贝岛"号于1981年8月动工,1985年2月服役,其余7艘分别于1986-1992年服役。

基本参数	
全长	186米
全宽	26米
吃水	5米
最高航速	20节
满载排水量	16 100吨
相关简介	

实战性能

"惠德贝岛"级舰艇是美国海军陆战队未来一段时间内进行远程兵力投送的主力舰艇。该级舰在两栖战舰中属中型舰,既能较好地满足中小规模登陆作战的装载要求,又能使舰的造价降低。"惠德贝岛"级采用了中速柴油机动力装置。这是由于柴油机的重量轻,低负载时经济性高,动力装置生命力强,舰员的工作环境条件也好。

> **趣味小知识**
>
> "惠德贝岛"级舰艇舰上人员340名(包括21名军官),另外还为运送的450名陆战队员设置了床位。

美国"奥斯汀"级两栖船坞登陆舰

"奥斯汀"(Austin)级舰艇是美国于20世纪60年代建造的两栖船坞登陆舰。

正后方特写

舰首特写

研发历史

"奥斯汀"级船坞登陆舰在1965年2月6日被批准建造。2000年后逐渐退役,其中2艘售于印度。

实战性能

"奥斯汀"级舰艇可充当浮动直升机基地以及紧急反应中心。其兵员舱也可用来存储救援物资,而且该空间还可用来存放2 000吨的补给品和设备,另有存放22.45万加仑航空燃料以及11.9万加仑车用燃料的油罐。舰上有7台起重机,其中1台为30吨,另外6台皆为4吨。升降机从飞行甲板到机库甲板可运载8吨的负重。

基本参数	
全长	173米
全宽	32米
吃水	10米
最高航速	21节
满载排水量	16 914吨
相关简介	

趣味小知识

"奥斯汀"级舰艇曾作为回收船全程参加了"阿波罗12"太空计划及"阿波罗14"和"阿波罗15"计划的部分回收工作。

Chapter 07 两栖舰艇

美国"圣安东尼奥"级船坞登陆舰

"圣安东尼奥"(San Antonio)级舰艇是由美国英格尔斯造船厂建造的船坞登陆舰。

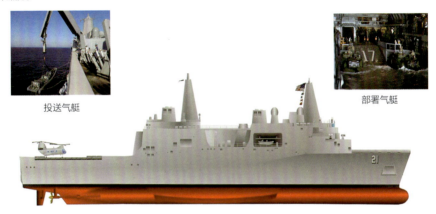

投送气艇

部署气艇

研发历史

"圣安东尼奥"级舰艇是美国为实施"由海向陆"战略而建造的新型多用途舰,代表着两栖船坞登陆舰技术发展的先进水平。首舰"圣安东尼奥"号于2003年7月下水,2006年1月正式服役。

基本参数	
全长	208米
全宽	32米
吃水	7米
最高航速	22节
满载排水量	24900吨
相关简介	

实战性能

"圣安东尼奥"级舰艇能搭载海军陆战队的各种航空器,包括CH-46中型运输直升机、CH-53重型运输直升机或下一代运输主力MV-22倾斜旋翼机。该级舰有3个总面积达2 360平方米的车辆甲板、3个总容量962立方米的货舱、1个容量1 192立方米的JP5航空燃油储存舱、1个容量达37.8立方米的车辆燃油储存舱及1个弹药储存舱,能为登陆部队提供充分的后勤支援。

趣味小知识

首舰"圣安东尼奥"号在2005年服役时,总费用已经达到17.6亿美元,这还没算进之后为了解决各种问题花费的资金;总计前五艘"圣安东尼奥"级的实际成本达到平均每艘17亿美元的水平,而最初规划的平均单价却只有8.6亿美元,上涨幅度几乎是100%。

美国"蓝岭"级两栖指挥舰

"蓝岭"（Blue Ridge）级舰艇是美国于20世纪60年代建造的两栖指挥舰。

机枪特写　　　　　　　　　　　　甲板特写

研发历史

1969年1月，首舰"蓝岭"号在美国费城海军造船厂下水，第二年11月加入美国海军服役。经过一段时间的试验、试用，1979年10月，"蓝岭"号正式成为第七舰队的旗舰。二号舰"惠特尼山"号于1971年1月16日开始服役，成为第六舰队的旗舰。

基本参数	
全长	194米
全宽	32.9米
吃水	8.8米
最高航速	23节
满载排水量	18 874吨
相关简介	

实战性能

在海上作战指挥中，"蓝岭"级舰艇处于中心环节。该级舰上的"旗舰指挥中心"是一个大型综合通信及信息处理系统，它同70多台发信机和100多台收信机连接在一起，同三组卫星通信装置相通，可以3 000词/秒的速度同外界进行信息交流。

接收的全部密码可自动进行翻译，通过舰内自动装置将译出的电文送到指挥人员手中，同时可将这些信息存储在综合情报中心的计算机中。"蓝岭"级舰艇的这种信息收发处理能力，在目前世界现役的所有两栖指挥舰中是首屈一指的。

趣味小知识

"蓝岭"级舰上除了操作船舰的842名人员之外（52名军官、790名士官兵），还搭载200名以上的军官以及约500名士官兵。

Chapter 07 两栖舰艇

美国 LCAC 气垫登陆艇

LCAC（Landing Craft Air Cushion）气垫登陆艇是美国于 20 世纪 80 年代研制的气垫登陆艇。

前方特写

载有战车的 LCAC 气垫登陆艇

研发历史

为了有效地实施两栖登陆艇的发展计划，1977 年 10 月，美国在佛罗里达州的海军海岸系统研究中心建立了一个攻击快艇试验机构，专门试验气垫登陆艇，并先后建造了 JEFFA 和 JEFFB 两型。随后，美国海军以 JEFF 艇为基础，制订了 LCAC 气垫登陆艇发展计划。

基本参数	
全长	26.4 米
全宽	14.3 米
吃水	0.9 米
最高航速	40 节
满载排水量	87 吨
相关简介	

实战性能

LCAC 气垫登陆艇的艇体为铝合金结构，不受潮汐、水深、雷区、抗登陆障碍和近岸海底坡度的限制，可在全世界 70% 以上的海岸线实施登陆作战。 在登陆作战时，携带气垫登陆艇的两栖舰船在远离岸边 20 ～ 30 海里时，便可让气垫登陆艇依靠自身的动力将人员和装备送上敌方滩头，从而保证了自身的安全。经研究表明，LCAC 气垫登陆艇稍作改装，即可执行扫雷、反潜和导弹攻击等任务。

趣味小知识

美国是发展气垫登陆艇数量最多的国家，它所建造的 LCAC 气垫登陆艇在世界上各型气垫登陆艇中居领先地位。

俄罗斯"蟾蜍"级坦克登陆舰

"蟾蜍"（Ropucha）级舰艇是苏联于 20 世纪 60 年代研制的坦克登陆舰。

后方特写

舰首特写

研发历史

"蟾蜍"级坦克登陆舰有两种型号，主要是武备略有不同。Ⅰ型舰共建 25 艘，在波兰的格但斯克船厂建成，建造时间为 1974—1978 年、1980—1988 年。Ⅱ型舰共建 3 艘，首舰于 1987 年动工，1990 年 5 月服役。

基本参数

全长	112.5 米
全宽	15 米
吃水	3.7 米
最高航速	18 节
满载排水量	4 080 吨
相关简介	

实战性能

"蟾蜍"级舰艇采用平甲板船型，上层建筑布置在舰中后方，它前面的上甲板为装载甲板，上面开有一个装货舱口。上甲板前端呈方形，尾部有尾跳板。目前，该级舰有两种装载方式（10 辆主战坦克和 190 名登陆士兵或 24 辆装甲战斗车和 170 名士兵），根据需要任选一种装载方式，灵活性较强。

趣味小知识

"蟾蜍"级坦克登陆舰与"伊万•罗戈夫"级船坞登陆舰一起，被认为是苏联两栖战舰艇迈入先进行列的标志。

Chapter 07 两栖舰艇

乌克兰"野牛"级气垫登陆艇

"野牛"（Zubr）级舰艇是目前世界上最大的气垫登陆艇。

编队航行

艇首特写

研发历史

苏联在 1978 年开始着手研制大型气垫登陆船。20 世纪 80 年代，位于圣彼得堡的阿尔马兹船厂开始研制"野牛"级登陆艇，此外也转移技术至乌克兰费奥多西亚市大海造船厂建造。该级艇可用于两栖作战时的登陆运输任务，可对岸边的部队提供火力支持，同时还可运送和布置水雷。

基本参数	
全长	57.3 米
全宽	25.6 米
吃水	1.6 米
最高航速	63 节
满载排水量	555 吨
相关简介	

实战性能

"野牛"级舰艇有 400 平方米的面积用于装载，自带燃料 56 吨。该级艇可运载 3 辆主战坦克，或 10 辆步兵战车加上 140 名士兵，若单独运送武装士兵则可达到 500 人。该级艇可在浪高 2 米、风速 12 米/秒的海况下行驶。"野牛"级舰艇配备的火力大大高于其他气垫登陆艇，装备有"箭 -3M"或"箭 -2M"防空导弹系统，2 座 30 毫米 AK-630 火炮，2 座 22 管 MC-227 型 140 毫米非制导弹药发射装置，以及 20～80 枚鱼雷。

趣味小知识

"野牛"级是俄罗斯首次向北约国家输出的海军武器，希腊在 2000 年 1 月 24 日与俄罗斯国防出口公司与乌克兰特种出口公司签约订购首批 3 艘"野牛"型，于 2001 年服役。

英国"海神之子"级船坞登陆舰

"海神之子"(Albion)级舰艇是英国于20世纪末建造的船坞登陆舰。

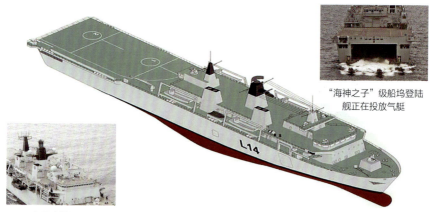

"海神之子"级船坞登陆舰正在投放气艇

上层建筑特写

研发历史

1991年,英国海军决定建造"海神之子"级舰艇,以代替2艘现有的两栖船坞登陆舰。该级舰的建造合同于1996年7月18日签订,1997年11月17日动工建造。

实战性能

"海神之子"级舰艇具有坦克登陆舰、武装运输舰、船坞登陆舰、两栖货船等综合功能,其设计思想近乎美国"圣安东尼奥"级舰艇的翻版。该舰既能利用登陆艇和直升机登上海岸,也可以通过集成的指挥、控制和通信系统协调两栖作战行动。尽管该级舰载机数量不多,难以进行较强的垂直登陆作战,但携带有多种登陆装备,除登陆车辆外,还有登陆艇,具有较强的舰到岸平面登陆作战能力。尤其是该舰能接近登陆滩头作战,便于第一波登陆部队抢滩登陆,为后续部队建立稳固的滩头阵地。

基本参数

全长	176米
全宽	28.9米
吃水	7.1米
最高航速	18节
满载排水量	18 500吨

趣味小知识

2010年4月19日,英国派出包括"海神之子"号在内的海军舰艇前往西班牙等一些国家的港口,以便接回受冰岛一座火山喷发的火山灰影响而滞留在外的公民。

Chapter 07 两栖舰艇

法国"闪电"级船坞登陆舰

"闪电"(Foudre)级舰艇是法国于20世纪80年代末开始建造的船坞登陆舰。

尾部特写　　　甲板特写

研发历史

"闪电"级船坞登陆舰一共建造了2艘,首舰"闪电"号,舷号L9011,在1990年正式服役;二号舰"热风"号,舷号L9012,在1998年正式服役。

基本参数	
全长	168米
全宽	23.5米
吃水	5.2米
最高航速	21节
满载排水量	12 000吨
相关简介	

实战性能

"闪电"级舰艇拥有容积达到13 000立方米的船坞,能被当作一个浮动船坞使用或携带登陆车辆。船坞也能容纳10艘中型登陆艇,或者1艘机械化登陆艇和4艘中型登陆艇。可移动甲板用于提供车辆停车位或舰载直升机降落操作。"闪电"级舰艇还安装了一个船货升降机,升力高达52吨。另有1台12米起重机,额定吊运能力37吨。

趣味小知识

"闪电"级编制人数是210名船员连同13名军官,持久力30天。能够搭载容纳467位乘客或军人,或者用于搭载700名乘客,在危机时期能够容纳人数可以达到1600名。

法国"西北风"级两栖攻击舰

"西北风"(Mistral)级舰艇是法国于 20 世纪末研制的一款两栖攻击舰。

V-22"鱼鹰"倾转旋翼机停放在"西北风"级两栖攻击舰上

正面特写

基本参数	
全长	199 米
全宽	32 米
吃水	6.3 米
最高航速	18.8 节
满载排水量	21 300 吨
相关简介	

研发历史

为了取代老旧的"闪电"级船坞登陆舰并增强两栖战力,法国海军造舰局(DCN)在 1997 年展开多功能两栖攻击舰计划,打算发展新的多功能两栖攻击舰艇,其成果就是"西北风"级舰艇。2011 年,俄罗斯也确定购买 4 艘"西北风"级舰艇。2013 年 10 月 15 日,俄罗斯"西北风"级两栖攻击舰首舰符拉迪沃斯托克号在位于大西洋海岸的法国圣纳泽尔市举行下水仪式。

实战性能

"西北风"级舰艇可以运载 16 架以上 NH90 或"虎"式武装直升机,以及 70 辆以上车辆,其中包含 13 辆主战车的运载维修空间。该级舰还设有 900 名陆战队员的运载空间(长程航行至少可以运载 450 名),并包含 69 床的舰上医院。该级舰的飞行甲板面积为 5 200 平方米,设有 6 个直升机停机点。

趣味小知识

2015 年 8 月,俄罗斯总统助理透露,俄法围绕"西北风"舰合同的谈判取得突破,法国将赔付俄罗斯近 12 亿欧元,约合 85 亿元人民币。

Chapter 07 两栖舰艇

意大利"圣·乔治奥"级两栖攻击舰

"圣·乔治奥"（San Giorgio）级舰艇是意大利于20世纪80年代研制的两栖攻击舰。

上层建筑特写　　　　　　　　　　　　　　　　　　甲板特写

研发历史

"圣·乔治奥"级舰艇共建成3艘，分别为"圣·乔治奥"号（L9892）、"圣·马可"号（L9893）和"圣·吉斯托"号（L9894）。首舰于1985年6月27日动工建造，1987年2月25日下水，1987年10月9日服役。

基本参数	
全长	137米
全宽	20.5米
吃水	5.3米
最高航速	21节
满载排水量	7 665吨
相关简介	

实战性能

"圣·乔治奥"级舰艇在舰尾有飞行甲板，可供3架SH-3D"海王"直升机或AW101"隼"式直升机或5架AB 212直升机起降。舰尾舱门可供两辆LCM登陆艇同时进出。"圣·乔治奥"号和"圣·马可"号在舱门舷台处可装载2辆LCVP登陆艇，稍大一些的"圣·吉斯托"号在吊舱柱处可装载3辆LCVP登陆艇。每艘船坞登陆舰均有符合北约标准的医疗设施。

趣味小知识

"圣·乔治奥"级舰艇可容纳400名作战人员或36辆轮式装甲运兵车或30辆中型坦克。

荷兰/西班牙"鹿特丹"级船坞登陆舰

"鹿特丹"（Rotterdam）级舰艇是荷兰和西班牙于20世纪90年代研制的船坞登陆舰。

雷达天线特写

甲板特写

研发历史

"鹿特丹"级船坞登陆舰由荷兰与西班牙联合设计，荷兰皇家谢尔德公司造船厂负责制造，首舰"鹿特丹"号（L800）于1997年下水，1998年开始服役。

基本参数	
全长	176.4米
全宽	25米
吃水	5.8米
最高航速	19节
满载排水量	16800吨
相关简介	

实战性能

"鹿特丹"级船坞登陆舰能够在6级海况下执行直升机行动任务，在4级海况下进行登陆艇行动任务。飞行甲板长58米、宽25米，可供2架EH101这样的大型直升机起降。在执行两栖作战任务时，"鹿特丹"级舰艇可对海军陆战队士兵、联合作战和后勤支援所需的车辆和装备进行装运，并辅助其登陆。"鹿特丹"级舰艇可以运输170装甲运兵车，或者是33辆主战坦克，同时还可以搭载最多6艘登陆艇。

趣味小知识

"鹿特丹"舰共有船员124人，其中有13名军官。舰上的食宿条件可满足一个满编的海军陆战队营的需要，最多可以同时供应613人食宿。

参考文献

[1] 李丰. 美国海军现代主战舰艇图鉴 [M]. 北京：机械工业出版社，2015.

[2] 于向昕. 航空母舰 [M]. 北京：海洋出版社，2010.

[3] 查恩特. 现代巡洋舰驱逐舰和护卫舰 [M]. 北京：中国市场出版社，2010.

[4] 陈艳. 潜艇——青少年必知的武器系列 [M]. 北京：北京工业大学出版社，2013.

全球武器精选系列